essentials

essentials liefern aktuelles Wissen in konzentrierter Form. Die Essenz dessen, worauf es als „State-of-the-Art" in der gegenwärtigen Fachdiskussion oder in der Praxis ankommt. *essentials* informieren schnell, unkompliziert und verständlich

- als Einführung in ein aktuelles Thema aus Ihrem Fachgebiet
- als Einstieg in ein für Sie noch unbekanntes Themenfeld
- als Einblick, um zum Thema mitreden zu können

Die Bücher in elektronischer und gedruckter Form bringen das Expertenwissen von Springer-Fachautoren kompakt zur Darstellung. Sie sind besonders für die Nutzung als eBook auf Tablet-PCs, eBook-Readern und Smartphones geeignet. *essentials:* Wissensbausteine aus den Wirtschafts-, Sozial- und Geisteswissenschaften, aus Technik und Naturwissenschaften sowie aus Medizin, Psychologie und Gesundheitsberufen. Von renommierten Autoren aller Springer-Verlagsmarken.

Weitere Bände in dieser Reihe http://www.springer.com/series/13088

Heinz Pilartz

Mediation für mehr Gesundheit am Arbeitsplatz

Gesundheitsthemen im Berufsalltag
mal anders anpacken

 Springer

Dr. med. Heinz Pilartz
Alfter, Deutschland

ISSN 2197-6708   ISSN 2197-6716   (electronic)
essentials
ISBN 978-3-658-17861-1   ISBN 978-3-658-17862-8   (eBook)
DOI 10.1007/978-3-658-17862-8

Die Deutsche Nationalbibliothek verzeichnet diese Publikation in der Deutschen Nationalbibliografie; detaillierte bibliografische Daten sind im Internet über http://dnb.d-nb.de abrufbar.

Gedruckt auf säurefreiem und chlorfrei gebleichtem Papier

Springer ist Teil von Springer Nature
Die eingetragene Gesellschaft ist Springer Fachmedien Wiesbaden GmbH
Die Anschrift der Gesellschaft ist: Abraham-Lincoln-Str. 46, 65189 Wiesbaden, Germany

Was Sie in diesem *essential* finden können

- Wie unterschiedliche Krankheitskonzepte zu unterschiedlichem Umgang mit Gesundheitseinschränkungen und unterschiedliches Verständnis von Wohlbefinden zu Missverständnissen und Konflikten führen.
- Wie Störungen im sozialen Miteinander zu Krankheit führen.
- Welchen Einfluss Ausfälle durch Krankheit auf die restlichen Mitarbeiter haben.
- Wie Mediation Bedürfnisse, Erwartungen und Unklarheiten rund um Gesundheitsfragen klären und unterstützen kann.
- Warum Gesundheit und Gesundheitseinschränkung wichtige Führungsthemen sind.

Inhaltsverzeichnis

Einleitung 1

Einschränkung der Gesundheit ist ein absolut persönliches Problem. Gleichzeitig hat dieses Problem aber auch erhebliche Konsequenzen im System, von Krankheit ist nie nur eine/r betroffen. Außerdem ist der Umgang mit diesen Einschränkungen gesellschaftlich und kulturell vorgegeben.

Seit Jahren ist ein Schwerpunkt meiner Arbeit die Mediation im Zusammenhang mit Problemen und Konflikten bei Gesundheit. Das hat zu einer Vielzahl unterschiedlicher Aufgaben und Fragestellungen für mich geführt und damit auch zu einem großen Erfahrungsschatz. Dieses Wissen möchte ich teilen mit Mediatoren, mit Personalverantwortlichen und Vorgesetzten, mit Betriebsräten und Betroffenen.

Es geht zunächst um Gesundheit und das unterschiedliche Verständnis dieses Begriffes. Dann geht es um Mediation und die Besonderheiten dieses Verfahrens im Zusammenhang mit Gesundheit. Auf die Routinefrage: „Wissen Sie, was Mediation bedeutet", lautet heute die Antwort fast selbstverständlich „natürlich". Im Kontext von Gesundheit allerdings ist Mediation eher noch unbekannt. Hier soll motiviert werden, Mediation mehr zum Einsatz zu bringen und Berührungsängste, Hilflosigkeit und Verzweiflung bei Gesundheitsproblemen am Arbeitsplatz zu lindern. Es soll der Blick geschärft werden für das Potenzial der Mediation.

Mediation allgemein hat ihren Platz im Arbeitsleben gefunden. Viele Betriebe bieten mittlerweile internes Konfliktmanagement an, die Emotionen der Mitarbeiter werden heute anders wahr- und ernstgenommen als in der Vergangenheit. In den Unternehmen wird die Bedeutung der Mitarbeiterbefindlichkeit für den Erfolg, die Effizienz, das Ansehen und die Bindung anerkannt. Die Betriebswirtschaft hat sich lange hauptsächlich mit der Produktivität beschäftigt. Mittlerweile ist klar, dass für den Erfolg im Unternehmen z. B. auch die Bildung der Mitarbeiter

© Springer Fachmedien Wiesbaden GmbH 2017   1
H. Pilartz, *Mediation für mehr Gesundheit am Arbeitsplatz,* essentials,
DOI 10.1007/978-3-658-17862-8_1

bedeutsam ist. Das „Humankapital" wird zunehmend mit Aufmerksamkeit bedacht: Personalentwicklung ist kein Fremdwort mehr, der Unternehmenskultur wird viel Aufmerksamkeit gewidmet, Leitbilder kommunizieren die Vorstellungen, auch das Gesundheitsmanagement (nunmehr gesetzlich fest verankert) hat eine große Bedeutung.

Wesentliche begrenzende Größen im Arbeitsleben sind zurzeit der Fachkräftemangel und die Fehlzeiten durch eingeschränkte Gesundheit der Mitarbeiter.

Das vorliegende Buch wird sich mit der Gesundheit im Arbeitsleben beschäftigen. Krankschreibung und individuelle Gesundheit scheinen „unbeeinflussbar". Gesetzliche Vorgaben, betriebsinterne Regelungen und Tabus beschränken gefühlt den Bewegungsspielraum der Leitungsebenen. Das heißt aber nicht, dass „nichts zu machen" ist. Dabei soll es hier nicht um Rückenschmerzen oder Ernährungsstörungen mit ihren Folgen gehen, sondern besonders um die Gesundheitsstörungen, die ihre Ursache in sozialen Spannungen am Arbeitsplatz haben. Nicht nur Konflikte, sondern auch Führungsstil, Motivation und fehlender Zusammenhalt in den Teams haben vielfach einen negativen Effekt. Krankheitsausfälle wiederum beeinflussen krankmachend die Arbeit aller Teammitglieder (z. B. durch Vertretung und Überbelastung). Persönliche Laune, Befindlichkeit und Stimmung im Team werden oftmals unterschätzt in ihrer Bedeutung für Unternehmensbindung oder Krankheitsauslösung. Die Bedeutung der Einbeziehung von Mitarbeitern in die Mitverantwortung für das Befinden der Kollegen wird selten richtig eingeschätzt. Jeder Kollege ist auch für das gesunde Miteinander Aller verantwortlich … Die Aufmerksamkeit Einzelner muss (in Zeiten zunehmenden Narzissmus') geweckt werden für die Bedürfnisse des Gegenübers, der KollegInnen im Team und die Gesamtaufgabe.

Im Folgenden soll ein Plädoyer für einen Weg heraus aus der Hilflosigkeit im betrieblichen Kontext gehalten werden. Es werden praktische Hinweise für den Einsatz mit Mediation gegeben. Eine Vielzahl von Beispielen soll die Fantasie der Leser anregen. Der Umfang dieser Schrift lässt es nicht zu, diese Beispiele detailliert darzustellen, die konkreten Anekdoten haben das Ziel, Erinnerung oder Erkennen auszulösen.

Es soll auch ein Anstoß gegeben werden, in den Austausch zu treten über Grenzen, Möglichkeiten oder Techniken von Mediation im genannten Kontext. Es soll ein Beitrag geleistet werden, das Feld bekannter zu machen und die Anwender zu vernetzen.

Und es soll angeregt werden, sich mit Mediation und Gesundheit zu beschäftigen.
Heinz Pilartz

Grundlagen

2

Gesundheit ist in unserer Gesellschaft ein bedeutsames Thema, fast bedeutsamer als der Verlust derselben: die Krankheit. Die „Gesundheit" als Thema ist in den Medien insgesamt sehr präsent. Zunehmend bemühen sich Mitbürger um gesunde Ernährung, einen gesunden Lebensstil. Es wird intensiv Sport getrieben, auch, „um etwas für die Gesundheit zu tun" und auch, „weil es so erwartet wird". Der Arbeitsmarkt rund um Gesundheit ist riesig, Geld wird nicht nur durch die Krankenkassen bewegt. Nahrungsergänzungsstoffe, Fitnessinstitute, unterschiedliche Berater, Möbel, Urlaube, Bücher ..., vielfach steht eine positive Beeinflussung der Gesundheit im Fokus.

Definitionen und Begriffserklärung
Und was bedeutet eigentlich Gesundheit? Erstaunlicherweise ist die Beantwortung dieser Frage wesentlich weniger eindeutig, als erwartet werden könnte.

- 1946 lautete die heute noch häufig zitierte Definition der WHO: Gesundheit ist das vollständige körperliche, seelische und soziale Wohlbefinden und das Nichtvorhandensein von Krankheit.
- Nietzsche schreibt: Gesundheit und Krankheit sind nichts wesentlich Verschiedenes. Tatsächlich gibt es zwischen diesen beiden Arten des Daseins nur Gradunterschiede: die Übertreibung, die Disproportion, die Nicht-Harmonie der normalen Phänomene konstituieren den krankhaften Zustand (Nietzsche, F. 2014, S. 25).
- Parsens sieht es aus anderer Perspektive folgendermaßen: als Zustand optimaler Leistungsfähigkeit eines Individuums für die wirksame Erfüllung der Rollen und Aufgaben, für die es sozialisiert ist (Parsens, T. 1981, in: Hurrelmann, K. 2006, S. 113).

© Springer Fachmedien Wiesbaden GmbH 2017
H. Pilartz, *Mediation für mehr Gesundheit am Arbeitsplatz,* essentials,
DOI 10.1007/978-3-658-17862-8_2

Es gibt eigene Definitionen der Krankenkassen, Unfallversicherungsträger ... Wenn ein Begriff schillernd ist, bedeutet das eine große Unterschiedlichkeit im Verständnis. Damit wird klar, dass der Austausch über das Thema mangels eindeutiger Bezugsgröße Unklarheiten, Missverständnisse und auch Konflikte nach sich ziehen muss. In einer Unterhaltung müsste eigentlich erst einmal klargestellt werden, was gemeint ist, wenn der Begriff genutzt wird.

Krankheit ist definiert als Störung des körperlichen, seelischen und sozialen Wohlbefindens. Bei der Abgrenzung der Krankheit von Gesundheit ist eine bestimmte, aus einer Vielzahl von Beobachtungen mithilfe statistischer Methoden gewonnene Schwankungsbreite zu berücksichtigen, innerhalb derer der Betroffene noch als gesund angesehen wird. Bei der Beschreibung einer Krankheit muss zwischen ihren Ursachen (Krankheitsursache) und ihren sichtbaren Anzeichen (Symptomen) unterschieden werden. Außerdem können sich unterschiedliche Verläufe zeigen: Eine akute Krankheit setzt plötzlich und heftig ein. Eine chronische Krankheit (Malum) beginnt langsam und verläuft schleichend. Manche Krankheiten verlaufen in Schüben, d. h. es wechseln sich Phasen der Besserung mit Phasen der Verschlechterung (Exazerbationen) ab, oder sie treten nach scheinbarer Ausheilung erneut auf (Rezidiv). Die Feststellung einer Krankheit (Diagnose) beruht auf der Erhebung der Krankengeschichte (Anamnese) sowie der Untersuchung des Betroffenen mit Auswertung der geschilderten und festgestellten Symptome. Die erhobene Diagnose dient der Festlegung einer evtl. notwendigen Behandlung, der Voraussage über den Verlauf der Krankheit (Prognose) und Maßnahmen der Krankheitsverhütung (Prävention). (Quelle: Der Gesundheits-Brockhaus, F.A. Brockhaus GmbH, Leipzig – Mannheim).

Mediation ist mittlerweile ein anerkanntes Verfahren. 2012 wurde Mediation in einem eigenen Gesetz geregelt. Der Einsatz von Mediation im Zusammenhang mit Gesundheit ist in diesem Gesetz nicht gesondert geregelt. Das Mediationsgesetz definiert Mediation wie folgt:

Mediation ist ein außergerichtliches, vertrauliches und strukturiertes Verfahren, bei dem Parteien mithilfe eines oder mehrerer Mediatoren freiwillig und eigenverantwortlich eine einvernehmliche Beilegung ihres Konflikts anstreben (§ 1 Abs. 1 des Mediationsgesetzes vom 21.7.2012 – BGBl. I S. 1577). Der Mediator/die Mediatorin ist eine unabhängige und neutrale Person ohne Entscheidungsbefugnis, die die Parteien durch die Mediation führt. Wesentliche Methoden der Mediation sind Kommunikation und Verhandlung. Das *Verfahren* der Mediation ist in den §§ 2 ff. des Mediationsgesetzes geregelt: Die Parteien wählen den Mediator aus. Dritte können nur mit Zustimmung aller Parteien in die Mediation einbezogen werden. Der Mediator hat Offenbarungspflichten gegenüber den Parteien mit

Blick auf seine Neutralität und Unabhängigkeit. Er unterliegt der Verschwiegenheit (Pilartz, A. 2013). Mediation ist bekannt als Konfliktlösungsverfahren. Mit Blick auf die spezielle Fragestellung dieser Schrift sind solche Konflikte gemeint, in denen die Gesundheit oder ihre Einschränkung den Konfliktgrund darstellen. Gesundheit und ihre Einschränkung wird bis heute kaum zum Thema in Mediationen gemacht, was unter anderem an den nachstehend beschriebenen Besonderheiten liegt: Mediation setzt Freiwilligkeit voraus und erwartet vom Mediator Allparteilichkeit. Von den Medianden wird u. a. Ergebnisoffenheit und Informiertheit erwartet. Im Zusammenhang mit Gesundheitsthemen sind letztere Voraussetzungen vielfach nicht erfüllt. Der Umgang mit Krankheit und Einschränkung wird nicht als ergebnisoffen erlebt. Im Berufsalltag ist Informiertheit für alle Beteiligten eher die Ausnahme und wird sehr unterschiedlich gehandhabt. Häufig sind Vorgesetzte und Unternehmensleitung wegen gesetzlicher Vorgaben (z. B. Datenschutz) verunsichert. Dabei gibt es rund um das Thema gute Gelegenheiten, Gesundheits- und auch Konfliktprävention zu betreiben. Und um eine Mediation durchzuführen oder im beruflichen Alltag mediative Fertigkeiten zum Einsatz zu bringen, braucht man in der Regel keine Informationen über Diagnose oder die Privatsphäre des Erkrankten. Eine spezifische Weiterbildung ist aber sicherlich empfehlenswert.

Einschränkungen der Gesundheit 3

Der Umgang mit Gesundheit und deren Veränderung ist individuell. Zunächst sollen diese individuellen Reaktionsmuster beschrieben werden, bevor die Wirkung auf das Miteinander betrachtet wird, das dann Grund für die Inanspruchnahme von Mediation sein kann.

3.1 Körperliche Symptome

Unter körperlichem Wohlbefinden versteht man die Unversehrtheit des Körpers, das bedeutet: keine Einschränkung durch körperliche Erkrankungen von Beinbruch bis Nierenversagen. Die Definition der WHO verlangt zudem das „Nichtvorhandensein von Krankheit". Hierbei ist jedoch zu beachten, dass bei Krankheiten wie Hypertonie oder Diabetes das Befinden unbeeinflusst sein kann. Befinden und Krankheit können also unterschiedlich sein. Meist können Nicht-Betroffene die Botschaft „Krankheit" einordnen, weil durch eigene Erfahrung und Beobachtung im Alltag entsprechende Einschätzung und Bewertung gelernt wurde. Einschränkungen der Gesundheit im körperlichen Bereich haben vielfach den (aus Patientensicht) Vorteil, dass sie wahrnehmbar oder messbar sind. Es scheint für Erkrankte entlastend zu sein, wenn Mitmenschen Veränderungen wahrnehmen können. Trotzdem bleiben wesentliche Merkmale auch körperlicher Krankheit subjektiv und unvergleichbar: „Ich habe starke Schmerzen", „Ich kann mich kaum bewegen". Können die Gesunden am Körper des Betroffenen Veränderungen wahrnehmen, z. B. einen eingegipsten Arm, gibt es kaum Missverständnisse im Austausch über das Krankheitsgeschehen. Subjektivität und Selbsteinschätzung sind die wesentlichen Faktoren, die bei einem möglichen Konfliktgeschehen bedeutsam werden. Der Antrieb, die persönlichen Beschwerden darzustellen, ist

© Springer Fachmedien Wiesbaden GmbH 2017
H. Pilartz, *Mediation für mehr Gesundheit am Arbeitsplatz,* essentials,
DOI 10.1007/978-3-658-17862-8_3

äußerst unterschiedlich ausgeprägt. Dabei spielen Persönlichkeitsmerkmale, Kindheitserfahrung, Erziehung und Gesundheitskonzepte eine große Rolle.

3.2   Seelische Symptome

Veränderungen und Einschränkungen im Zusammenhang mit dem seelischen Wohlbefinden sind wesentlich schwieriger zu erkennen. Wer entscheidet eigentlich, ob entsprechende Veränderungen krankhaft sind oder nur eine Abweichung von der Norm darstellen? Und wo ist die Grenze zwischen stressbedingter Auffälligkeit, wechselnder Tagesbefindlichkeit im Zeitverlauf und definierter Krankheit? Wie bewertet der befragte Fachmann entsprechende Auffälligkeiten, ohne den Betroffenen und dessen persönliche Reaktionsweisen im Zeitverlauf oder die individuelle Reaktion auf Stress zu kennen? Wie erleben Betroffene Veränderungen und wie beschreiben Fachleute sie aus der Sicht der Psychopathologie? Und wie soll man damit umgehen, wenn keine Einigkeit erzielt wird, wenn Fachleute die Diagnosestellung diskutieren? Auf dem Kongress „Kraft des Zweifelns" 2016 in Heidelberg moderierte A. von Schlippe eine Podiumsdiskussion: „Wer bestimmt über die Grenze von krank und normal?". Insgesamt haben Krankschreibungen wegen seelischer Krankheiten keinen guten Ruf, weder bei den Betroffenen selbst noch im Umfeld: sie sind nicht eindeutig erkennbar, fesseln meist nicht ans Bett, sind oft „irgendwie unklar" und haben häufig einen langen Verlauf. Allgemeinärztliche Erfahrung ist, dass Betroffene oft die Befürchtung haben, dass ihr Leiden nicht richtig ernst genommen wird. Und nicht selten stellen Kollegen und Vorgesetzte die Einschränkung als „Empfindlichkeit" und „Arbeitsunlust" dar. Seelische Gesundheitseinschränkungen sind vielfach Grund für Polarisierung, Be- oder Abwertung im Berufsalltag. Eine entspannte Kommunikation ist dann eher ungewöhnlich.

3.3   Symptome durch soziale Störungen

Noch schwieriger ist das Wohlbefinden mit dem Blick auf soziale Bedingungen zu beschreiben. Betroffene empfinden entsprechende Einschränkungen unterschiedlich. Die Einen „nehmen sich zusammen und sehen Störungen dem Arbeitsprozess immanent" an, die Anderen erleben „die Stimmung am Arbeitsplatz als unerträglich" und „können sich nicht konzentrieren, machen Fehler und sind nicht arbeitsfähig". Durch Konflikte entstehen bei vielen Menschen Symptome, die körperlichen Störungen des Wohlbefindens entsprechen. Die Symptomatik ist individuell vielgestaltig und wird als einschränkend und belastend erlebt (Pilartz, H. und Münch, J. 2016). Vielfach gibt es die gewünschte Eindeutigkeit nicht, die beruhigen würde: Sind die Magenschmerzen organisch begründet oder psychosomatisch verursacht? Oder/und tritt dieser Druck im Oberbauch immer auf, wenn Konflikte den Alltag stören? Und wo ist die Grenze zwischen psychosomatisch und persönlich typischer Reaktionsweise?! Oft jedenfalls fühlen Betroffene sich krank und nicht einsatzfähig durch die Störungen in der sozialen Einheit. Nicht selten dominiert ein Konfliktthema das Denken, das Konzentrationsvermögen ist eingeschränkt, es drohen Fehler. Der Austausch darüber im Team führt nicht selten zu unfruchtbaren Diskussionen bezogen auf Werte und Überzeugungen.

Bedeutsam für die soziale Gesundheit ist die Beziehungsebene insgesamt: Die Kontakte am Arbeitsplatz haben Einfluss auf die persönliche Arbeitsfähigkeit. Zugehörigkeit stabilisiert die Gesundheit (Wolf, S., Bruhn, J., in: Hörning, A. 2016). Und Störungen auf der Beziehungsebene sind nicht selten Grund für Krankschreibungen. In dem Zusammenhang spricht man von Organisationspathologien, worunter durch Arbeitsbedingungen ausgelöste Störungen von Gesundheit und Befindlichkeit verstanden werden (Badura 2008, S. 38). Die entsprechenden Arbeitsunfähigkeitsbescheinigungen beinhalten allerdings klassische Diagnosen (Depression, Virusinfekt, Wirbelsäulenbeschwerden), da der eigentliche Grund, soziale Störung nämlich, als offizielle Diagnose im Sozialgesetz (SGB V) nicht „vorgesehen" ist.

Unterschiedlicher Umgang mit Einschränkungen/Symptomen

Im gesellschaftlichen Kontext gibt es eine große Bandbreite im Krankheitsempfinden, in der die Einen sich nicht einsatzfähig erleben und die Anderen „selbstverständlich" zum Arbeitsplatz gehen. Durch welche Reaktion der Mitarbeiter im Berufsleben mehr Schädigung auftritt, lässt sich nicht bestimmen. Die Komplexität von Empfindungen, Beunruhigung und auch Sachargumenten bestimmt in unterschiedlichem Maße das individuelle Krankheitsempfinden. Selbstwahrnehmung und persönliches Gesundheitskonzept beeinflussen die entsprechenden Reaktionen. Die Unterschiedlichkeit zwischen den Kollegen ist sehr groß, damit aber auch die Möglichkeit von Missverständnissen, von enttäuschten Erwartungen, von Bewertungen und Verurteilungen. Es stoßen (nicht nur) am Arbeitsplatz Überzeugungen von Betroffenen aufeinander, die in Widerspruch zueinander geraten und damit neue Probleme verursachen können. Es kommt zu einer Krise in der Kommunikation, die eigentlich zu einem Transformationsprozess des Teams führen müsste. Denn: Wird eine Krise oder ein Konflikt nicht zu einer Lösung geführt, hat das nachhaltige Auswirkungen auf das System (Weigel, S. 2017, S. 36). (Bspl.: In einer Phase hoher Arbeitsbelastung meldet sich ein Kollege „krank", weil ihn „die Auseinandersetzung im Team aus dem Gleichgewicht geworfen habe". Diese Erklärung wird öffentlich und zum Ausgangspunkt für hitzige Diskussionen über Arbeitsauffassung, Verlässlichkeit, Empfindlichkeit, … Das Kollegium sucht in langen Prozessen erfolglos nach einer einvernehmlichen Auffassung!) Diskussionen, Auseinandersetzungen oder Bewertungen können keine Einvernehmlichkeit erzielen, wenn Überzeugungen, Werte und Lebenskonzepte unterschiedlich sind. Unterschiedlichkeit wird der Ausgangspunkt entsprechender Konflikte. Dann kann es keine einvernehmliche Lösung geben, wenn diese Diskussion nicht das Verbindende, sondern das Trennende zum Inhalt hat. Dritte könnten

© Springer Fachmedien Wiesbaden GmbH 2017
H. Pilartz, *Mediation für mehr Gesundheit am Arbeitsplatz*, essentials,
DOI 10.1007/978-3-658-17862-8_4

helfen, Eskalationen zu verhindern und Empfindungen zu übersetzen. Das Ziel ist der gegenseitige Umgang mit Respekt und Akzeptanz.

Krankheit oder Krankheitsgefühl ist individuell und sollte als Empfindung oder Tatbestand kein Thema zwischen Kollegen sein! Die Erörterung entsprechender Unterschiedlichkeiten trägt ein hohes Konfliktpotenzial in sich.

4.1   Gesundheitskonzepte

Gesundheitskonzepte sind kulturell und soziokulturell geprägt und werden familiär vermittelt. Es geht dabei um alle Theorien, Vorstellungen und Empfindungen, die etwas mit Gesundheitserleben zu tun haben oder umgekehrt, im Falle von Krankheiten, mit Krankheitsbild oder Beschwerdesymptomatik (Jobst 2008, S. 8). Und: Krankheiten hat man nicht für sich allein, immer haben auch andere etwas damit zu tun!

Der Umgang mit Gesundheit und Krankheit ist individuell. Dieser Umgang hat auch etwas damit zu tun, welche Erfahrungen und Erlebnisse in Kindheit und Jugend gesammelt wurden. So entstehen unterschiedliche Überzeugungsmuster. Diese sind Teil einer subjektiven Krankheitstheorie und andererseits Teil einer Lebenstheorie (Retzer, A. 2006, S. 117). So entstehen individuell weitreichende Konsequenzen, z. B. für den Umgang miteinander und die Kommunikation. Die einzelnen Konzepte haben gesellschaftlich einen unterschiedlichen Ruf, der Austausch zwischen Menschen mit unterschiedlichen Konzepten kann sehr belastet sein. Empörung bis hin zur Fassungslosigkeit tritt auf, wenn vom Gesprächspartner eine andere Sichtweise oder Überzeugung vertreten wird. Das kann, besonders im Zusammenhang mit bedrohlicheren Krankheitszuständen, die jeweilige Beziehung nachhaltig gefährden. (Bspl.: Die 2-jährige Tochter eines jungen Paares erkrankte an Leukämie. Erstmals trafen die unterschiedlichen Krankheitskonzepte aufeinander, was zu einer Krise des Paares führte, die das Miteinander unmöglich machte und fast zur Scheidung führte!)

Zurzeit entwickelt sich ein Trend, der das Verhalten von Menschen, die ihren Gesundheitszustand nicht beachten, negativ bewertet (Zeh, J. 2009). Dagegen erleben sich Vertreter der Gruppierung, die sich für ihre Gesundheit interessieren und sehr bewusst leben, nicht selten als Heilsbringer und Trendsetter. (Bspl: Auf einer Veranstaltung lässt sich eine Teilnehmerin ihr Essen so bereiten, dass es ihren Vorgaben und Vorstellungen entspricht. Während der gesamten Mittagspause erläutert sie ungefragt den anderen Teilnehmern, dass und warum die Inhaltsstoffe und Zubereitungen der anderen Speisen „untragbar" sind.)

Im familiären, aber natürlich auch im beruflichen Kontext können die jeweiligen Konzepte auf Zustimmung oder Ablehnung stoßen. Das kann zu unterschiedlichen Konsequenzen führen: Zum einen kann eine Polarisierung mit all ihren Gefahren auftreten. Zum anderen können Erkrankte oder Kollegen Gesundheits-Empfindungen haben, die durch die Mehrheit des Restteams in ihrer Reaktion beeinflusst werden. Im Extrem kann es dazu führen, dass ein „interaktionales Splitting" von Verantwortung auftritt: Kollegen übernehmen die Verantwortung für den Gesundheitszustand Einzelner („komm, jetzt gehen wir aber endlich zum Arzt"), ohne Einfluss auf (gesundheitsschädigendes) Verhalten zu haben. Oder gut gemeinte Interventionen verursachen genau das Gegenteil: Fürsorgliches Verhalten („ich kümmere mich schon") wird von „Gesundheitsbewussten" als Übergriff verstanden. Dann kommt es leicht zu Auseinandersetzungen und damit zur Beeinflussung der Gruppenstimmung (Retzer, A. 2006, S. 118 f).

Folgende 4 Gesundheitskonzepte lassen sich identifizieren bzw. voneinander abgrenzen (Übergänge und Kombinationen gibt es natürlich auch):

1. **Mein Gesundheitszustand ist kein Problem.** Menschen, die dieses Konzept leben, sehen keine Notwendigkeit, sich mit dem Thema Gesundheit auseinanderzusetzen. Im Team stoßen sie auf Empörung, weil letztlich die Anderen für ihr Desinteresse leiden müssen. Auf die Frage des Arztes nach dem Anlass des Besuches könnten sie antworten: „Mein Partner schickt mich" (Bspl.: Der Diabetiker kümmert sich nicht um die Wunde an seinem Fuß und muss später deswegen für 6 Wochen ins Krankenhaus. Das Handwerksunternehmen kann deswegen 2 wesentliche Aufträge nicht bedienen und gerät in wirtschaftliche Probleme …).

„Mein Gesundheitszustand ist kein Problem"
- Die medizinische Sichtweise des Zustandes widerspricht der Selbstwahrnehmung.
- Meist gewisser Fatalismus. Unabhängigkeit
- Dagegen steht Fürsorge oder Verantwortungsübernahme durch Familienmitglieder → werden als Kontrollen u. ä. erlebt.
- Oft Verhandlung paar(gruppen-)fähiger Kompromisse.

2. **Mein Gesundheitszustand ist ein Problem, ich habe Einfluss darauf.** Menschen mit diesem Konzept interessieren sich (sehr) für ihre Gesundheit. Sie informieren sich, treiben Sport, ernähren sich bewusst und fühlen sich für den Gesundheitszustand selbst zuständig. Nicht selten fällt ihnen die Differenzierung zwischen Gesundheitsfürsorge und Krankheitsbehandlung schwer. Nicht wenige Vertreter dieses Konzeptes versuchen dann, Krankheit

mit eigenen Mitteln zu bekämpfen. Vielfach ist ein missionarischer Anteil im Austausch mit anderen enthalten. Beim Arzt heißt es: „Ich möchte die Diagnose erfahren, um angemessene Maßnahmen kümmere ich mich dann selbst" (Bspl: Nach der Diagnosestellung des Arztes hält sich eine Patientin mit Lungenentzündung nicht an die Antibiotikaverordnung des Arztes – „Gefahr von Nebenwirkungen" – und verschleppt damit den Krankheitsverlauf erheblich).

„Mein Gesundheitszustand ist ein Problem, ich habe Einfluss darauf"
- Nur eigene Entscheidungen und Aktivitäten entscheidend für Erfolg und Unabhängigkeit.
- Hilfe, Versorgung, Pflege werden als demütigender Eingriff erlebt.
- Autonome Entscheidungen beziehen andere oft nicht ein.
- Misstrauen, Kontrolle (z. B. gegen Arzt).

3. **Mein Gesundheitszustand ist ein Problem, ich habe keinen Einfluss darauf.** Gesundheit ist ein bedeutsames Thema im Leben und löst eher Beunruhigung und Ängste aus. Der Körper wird genau beobachtet, ärztliche Maßnahmen werden gerne wahrgenommen. Vertreter dieses Konzeptes besuchen häufig die Arztpraxis und empfinden sich schnell als erkrankt und nicht arbeitsfähig. Sie sind leicht beeinflussbar und neigen dazu, Diagnostik und Therapie überzubewerten. Im Austausch mit dem Arzt könnte es heißen: „Es ist doch nicht zu glauben, dass da schon wieder neue Beschwerden aufgetreten sind. Da *müssen* Sie doch etwas machen können" (Bspl: Der Arzt untersucht das verletzte Knie und empfiehlt, abzuwarten. Der Patient erbittet in seiner Beunruhigung einen alternativen Vorschlag. „Wenn es in ein paar Tagen nicht deutlich besser ist, sollte man arthroskopieren". Er entscheidet sich aber sofort für eine Arthroskopie …).

„Mein Gesundheitszustand ist ein Problem, ich habe keinen Einfluss"
- Gefühl von Hilflosigkeit und Kontrollverlust
- Häufig negative Stimmungslage.
- Die Krankheit hat großen Einfluss auf bedeutsame Lebensbereiche.
- Schuldgefühle: „was habe ich getan?"
- Häufig ein Partner negativ, einer positiv.
- Deswegen: Komplementarität und Missverständnisse.

4. **Mein Gesundheitszustand ist (k)ein Problem, ich weiß nicht, ob zu Recht.** Diese Gruppe interessiert sich stark für Verursachung, Prognose und Perspektiven. Es fällt schwer, Krankheitszustände ernst zu nehmen, die keine

eindeutige Zuordnung zulassen. Vertreter dieses Konzeptes sind in der Regel gut vorinformiert durch Internet und Expertenmeinung. Der Austausch beim Arzt läuft häufig nach folgendem Muster: „Ich habe mich schon einmal informiert. Das könnte eine Tuberkulose sein. Ich frage mich nur, wo ich mich angesteckt haben könnte" (Bspl.: Die atypische Erscheinungsform einer Bluterkrankung führt dazu, dass der Patient viele Experten aufsucht mit der Erklärung: „Bis jetzt konnte es mir niemand erklären ..." Eine Therapieeinleitung wurde so verzögert.).

> **„Mein Gesundheitszustand ist (k)ein Problem, ich weiß nicht, ob zu Recht."**

- Forderung nach Erklärung, Diagnose und Eindeutigkeit.
- Absicherung von Vermutungen und Vorannahmen.
- Latente Krankheit, Diagnose vor Manifestation. Bedeutung von Krankheitsrisiken und Statistik.
- Verlorene Flexibilität.

Die Krankheitskonzepte sind weitgehend als Verhaltensmuster zu verstehen, das die Betroffenen nicht verlassen können. Sich den inneren Empfindungen zu widersetzen würde bedeuten, einen emotionalen Mangel zu verursachen.

Die interpersonellen Unterschiede sind groß und die entsprechenden Gesundheitskonzepte haben einen großen Einfluss auf die Menschen innerhalb einer Gruppe. Innerhalb von Freundes- und Bekanntenkreisen u. Ä. kann das Aufeinandertreffen unerwartet unterschiedlicher Konzepte zu starker Verunsicherung führen. Denn grundsätzlich wird davon ausgegangen, dass das Verständnis von Gesundheit und das entsprechende Verhalten einvernehmlich ist. Stoßen im Berufskontext Menschen aufeinander, die sich erst dort kennengelernt haben, führen unterschiedliche Sichtweisen leichter zu Problemen: Die Beziehung ist eher zufällig, aber in ihren Aufgaben und Ergebnissen (unabhängig von Sympathie oder Erfahrung) sehr aneinander gebunden. Es ist nicht erstaunlich, wenn Gesundheitskonzepte und deren alltägliches Erscheinungsbild große Einflüsse auf das Miteinander haben. Die entsprechenden Verhaltensunterschiede sind manchmal so groß, dass sie interkulturellen Unterschieden vergleichbar sind.

4.2 „Einvernehmlichkeit" als Ziel

Bei Veränderungen im Berufsalltag, z. B. bei Auftreten von Krankheit, hat der Begriff „verstehen" einen hohen Stellenwert. „Verständnis" wird vielfach als Qualitätsmerkmal von kollegialer Beziehung eingestuft. Auf der Beziehungsebene wird viel Zeit unter Kollegen für dieses Thema eingesetzt. Motiv ist, ein leichtes und konfliktarmes Miteinander zu ermöglichen, das grundsätzlich auf Harmonie, Verlässlichkeit und Einvernehmen in der Arbeitsweise und den Überzeugungen gerichtet ist (Fengler und Sanz 2012).

Sich „gegenseitig zu verstehen" hat nicht nur im Berufsalltag diesen hohen Stellenwert. Grundsätzlich wird es als Maßstab für die Qualität einer Beziehung benannt. Dabei ist die Entwicklung des Individuums so spezifisch und so stark abhängig von Erlebnissen, Erfolgen oder Verletzungen, dass die resultierende Denk- und Gehirnfunktion individuell überlagert ist. (Neuroplastizität: Unter **neuronaler Plastizität** versteht man die Eigenart von Synapsen, Nervenzellen oder auch ganzen Hirnarealen, sich zwecks Optimierung laufender Prozesse in ihrer Anatomie und Funktion zu verändern (Wikipedia, neuronale Plastizität). Wir alle haben das Gehirn, das wir brauchen (Hüther, G. 2011). Und dieses individuelle Gehirn unterscheidet sich so wesentlich von anderen, dass „Verstehen" immer nur höchstens „in Annäherung" bedeuten kann. Der Austausch im Team findet häufig darauf gerichtet statt, Andere von der „Richtigkeit" der eigenen Sichtweise zu überzeugen. Dann wird zur wesentlichen Stellungnahme, dass man den Anderen nicht versteht. Andersartigkeit verunsichert. Immer wieder finden zeitaufwendige Teamdiskussionen statt, um das gegenseitige Verstehen zu gewährleisten und weitgehendes Einvernehmen um berufliche Fragestellungen zu erzielen. (Bspl.: In einer KITA klagen alle Erzieherinnen über Überstunden und Überlastung. Auf Befragen stellt sich heraus, dass im Zuge eines QM-Prozesses die Abläufe abgestimmt werden und für pädagogische Maßnahmen Formulierungen gesucht werden, die für alle Erzieher im Team gleichermaßen Gültigkeit haben …). Gelingt es im Team nicht, sich bei unterschiedlichen Sichtweisen respektvoll zu begegnen, besteht die Gefahr von Polarisierung und Konflikterleben, von Gruppenbildung und Eskalation. Das Trennende wird vielfach zum Thema und nicht der Umgang mit Unterschiedlichkeit. Mobbingerleben wird bei solchen Entwicklungen häufig beklagt. Dann wird die Befindlichkeit im Kollegium schlechter und erste Krankheitsausfälle treten auf.

Dabei sollte doch anerkannt werden, dass (in der Regel) alle das Beste anstreben. Gegenseitiges Respektieren und Akzeptieren allerdings hat vielerorts im Berufsalltag leider keine ausreichende Wertigkeit. Das bedeutet, das Gegenüber mit seinen individuellen Bedürfnissen, Wünschen und Mangelzuständen genauso anzuerkennen wie sich selbst. Und mit Blick auch auf Gesundheit gilt es, die jeweiligen Bedürfnisse zu berücksichtigen und im Konfliktfall Lösungen anzustreben, in denen sich alle wiederfinden.

4.3   Das berufliche Umfeld der Betroffenen

Im Berufsalltag wird viel zu oft nur auf die von Einschränkungen Betroffenen geblickt und viel zu wenig auf die, die die Konsequenzen mitzutragen haben. Im Team wie auch im Gesamtbetrieb tragen Viele die Mehrbelastungen, die durch Einschränkung oder Ausfall von Einzelnen auftreten. Belastend ist es auch für die Kollegen, Leistungsunterschiede, Sondervereinbarungen, Weiterbildungen und mehr klaglos übernehmen zu müssen. Und nicht selten müssen die Anwesenden auch die Kritik ertragen für etwas, das Abwesende verursacht haben.

4.3.1   Belastung der Kollegen durch Gesundheitsstörungen

Schicksalhafter Verlust von körperlicher oder seelischer Gesundheit ist für die Betroffenen ein oft unerwartetes und unkalkuliertes Ereignis. Vielfach sind die Rückmeldungen und Empfindungen der Umgebung empathisch, warmherzig und zugewandt. Aber wie geht es dem Restteam damit? Zum einen hat die Akzeptanz des Ausfalls etwas mit der entsprechenden Beziehung zu tun. Sicherlich spielt aber auch der unterschiedliche Umgang mit Einschränkungen eine wesentliche Rolle. Weitere Faktoren sind die persönliche Krankheitserfahrung, Leistungsbereitschaft, aber auch die Position von Betroffenen in der Rangordnung sowie Ruf und Ansehen im Team. (Bspl.: Der neue Kollege fällt von Anfang an dadurch auf, dass er seine Körpersignale sehr genau beobachtet und kommentiert. Sehr schnell strebt er eine Krankmeldung an, regelmäßig ohne Rücksicht auf die Gesamtsituation im Team. In einem Teamgespräch beklagt er, dass er sich als ausgegrenzt, wenig akzeptiert und wenig einbezogen erlebe …). Von hoher Bedeutsamkeit für die Akzeptanz ist, ob das Team wenigstens rudimentär informiert wird (=Beziehungsbotschaft) und welcher Art die Einschränkung ist: Je länger sich z. B. eine seelische Krankheit hinzieht, desto mehr wandelt sich die Gruppenstimmung der Kollegen von Verständnis hin zu einem „jetzt ist aber langsam gut, da kann man sich auch mal einen Ruck geben". Schwere körperliche Erkrankungen, Tumorleiden oder Unfälle behalten eher einen solidarisierenden Effekt.

Alle Mitglieder im Team haben in unterschiedlichen Rollen unterschiedliche Bedürfnisse. Plakativ dargestellt gibt es Bedürfnisse in der Rolle des Individuums und Bedürfnisse in der Rolle des Teammitgliedes. Überwiegen die Bedürfnisse des Individuums, kann das nachteilhaft für das Team sein, überwiegen die Bedürfnisse in der Rolle des Teammitgliedes, mag der Effekt für das Individuum schädigend oder störend sein, Abb. 4.1. Dann kann beispielsweise Präsentismus auftreten, die Anwesenheit am Arbeitsplatz trotz fehlender Arbeitsfähigkeit (Steinke und Badura 2011). Im Team gibt es viel Austausch und Konfliktstoff zu diesem Thema, bedingt durch die unterschiedlichen Gewichtungen. Die tragende Empfindung in der Kontroverse ist die Empörung. Geht es um Gesundheitsfragen, führen unterschiedliche Sichtweisen ebenfalls leicht zu Empörung. Der Austausch kann eskalieren, es kann dazu führen, dass Beziehungen nachhaltig gestört werden. Die emotionale Belastung ist häufig so groß, dass dem individuellen Reaktionsmodus entsprechend Krankheitsausfall oder Rückzug daraus resultiert, aber auch Mobbingempfindungen, Gefühle von Zurückweisung und Gerechtigkeitsprobleme können dominieren.

Eine besondere Situation tritt auf, wenn Krankheit in ein komplexes „Spiel" eingebettet wird. Die von Berne eingeführte Transaktionsanalyse (Berne 1970) beschreibt, dass zwischenmenschlich unbewusst Verhaltensmuster ausgelöst werden, die zu Konflikten führen können. Das bekannteste „Spiel" ist das Dramadreieck, siehe Abb. 4.2: Ein Gruppenmitglied stellt sich als Opfer dar, z. B. die Erkrankte („Ich Arme, ich brauche Hilfe und Verständnis"). Kollegen nehmen die

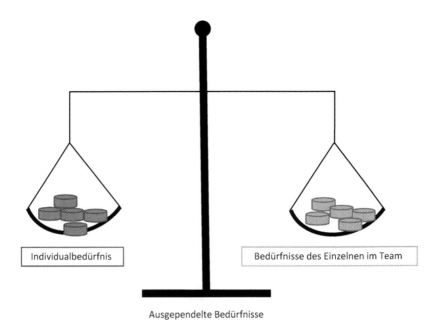

Individualbedürfnis

Bedürfnisse des Einzelnen im Team

Ausgependelte Bedürfnisse

Abb. 4.1 Ausgependelte Bedürfnisse zwischen Individuum und Team

Die Rollen im Beziehungskontext können durch Krankheit durcheinander geraten…

Abb. 4.2 Dramadreieck und Krankheit

Rolle der Retter ein („Lass mal, ich mach das schon"). Dann kann das Opfer in die Rolle eines Verfolgers wechseln („…, dann bring mir aber meine Sachen nicht durcheinander"), in der die „Retter" kritisiert, angeklagt oder auch zurückgewiesen werden (Weigel 2017): Die „Retter" reagieren mit Verunsicherung, Empörung, Widerstand oder Rückzug (bis hin zur Krankheit). Eingespielte Dynamiken können durch das Auftreten von Gesundheitseinschränkung durcheinandergeraten.

Mitglieder des Teams haben mehr zu leisten, wenn es einen Krankheitsausfall gibt. Es gilt, Dienstpläne anzupassen, eigene Bedürfnisse zurückzustellen oder zu improvisieren. Das muss keinen negativen Effekt auf die Befindlichkeit im Team haben, führt aber in der Regel dazu, dass Stressreaktionen schneller auftreten und die Kollegen eher „ausrasten". Wenn Einer fehlt, ist ausgeglichenes Arbeiten eher unwahrscheinlich. Sehr oft wird das von Vorgesetzten oder der Unternehmensleitung nicht ausreichend berücksichtigt. Das klaglose Übernehmen von Zusatzaufgaben ist keine Selbstverständlichkeit! Und wenn dann noch Kooperation, Qualität, Geschwindigkeit oder Zielerfüllung eingeklagt wird, gerät das labile (Team-)Gleichgewicht ins Wanken. Das Restteam beginnt zu dekompensieren: Der Gruppenzusammenhalt kann auseinanderbrechen, die Loyalität zum Unternehmen mag Störungen zeigen. Die Kollegen reagieren entsprechend ihrer Persönlichkeit unterschiedlich, nicht selten aber kommt es dann zu weiteren Krankmeldungen: Egal, ob diese Ausfälle durch Überforderungen, Verärgerung und Empörung oder Rückzug begründet sind – diese Krankheitszustände haben ihre Ursache in der krankheitsbedingten Überforderung und haben damit eine soziale Ursache.

4.3.2   Belastung der Kollegen durch „Ansteckung"

Vielfach geht der individuellen Gesundheitsstörung eine Phase eingeschränkter Befindlichkeit voraus. Fast regelmäßig im Zusammenhang mit seelischen Störungen, durchaus aber auch bei langsam zunehmenden körperlichen Einschränkungen, gibt es längere Zeitabschnitte, in der Betroffene weder eindeutig krank noch gesund sind. Die Alltagspflichten gehen weniger leicht von der Hand. Unaufmerksamkeiten oder Überlastung führen zu Fehlern, ungewohnte Missstimmung belastet die Zusammenarbeit.

Die Kollegen in der Arbeitseinheit, das kollegiale System, beobachtet diese Veränderung, übernimmt zum Teil vielleicht auch die Fürsorge für Betroffene. Jedenfalls ändert sich die Dynamik im Team.

Betroffene erleben an sich Veränderungen, die, wie in jedem System, Einfluss auf alle haben. Einerlei, ob diese Veränderungen mit Rückzug, Launen, Gereiztheit einhergehen, alle Kollegen müssen mit diesen Änderungen umgehen lernen und auch ihre eigenen persönlichen Reaktionsweisen verkraften: Das gesamte Team kann durcheinandergeraten, es können neue Konstellationen oder Allianzen entstehen, Dysbalancen können auftreten. Besonders bei empfänglichen Mitarbeitern können solche Veränderungen erneut in Krankheit und Leistungseinschränkungen münden … (Bspl.: Nach längeren privaten Belastungen entwickelt sich bei ihm auch noch eine chronische Schmerzerkrankung. Der Vorgesetzte setzt sich weiterhin sehr für seine Aufgaben und sein Team ein, lässt aber andere seine Empfindungen spüren, wird ungerecht und ungeduldig, weist persönliche Anliegen regelmäßig zurück. Die Effizienz der gesamten Arbeitsgruppe wird schlechter, die Krankheitsausfälle steigen massiv an).

Besonders störend wirken sich die Einschränkungen der seelischen Gesundheit oder der sozialen Befindlichkeit aus, die zu Zynismus, Organisationspathologie, Verweigerung oder Erstarrung führen. Der negativen Stimmung können sich Viele nicht entziehen, das soziale Leben im Team wird dominiert durch (krankheitsbedingte) Unzufriedenheit, Unausgeglichenheit und negative Grundstimmung, Leichtigkeit und Humor gehen verloren. Affektlogisch (s. Abschn. 7.2) dominiert der Betroffene die Stimmung im Team. Nicht selten weiß man im Kollegenkreis nicht einmal, was eigentlich los ist!

Dieser Einfluss auf die Stimmung im Team muss von Betroffenen verantwortet werden. Das wird meist geleugnet oder abgewiegelt. (Bspl.: Nach dem Schlaganfall sind erhebliche Einschränkungen zurückgeblieben. Nicht nur die Personalverantwortung kann nicht mehr ausgefüllt werden. Die Mitarbeiter sind verunsichert und vermissen klare Anweisungen. Als einzige Lösungsidee sehen diese Mitarbeiter den Weg in die Kündigung.) Jedes Teammitglied hat Verantwortung für sich selbst und die Anderen. Entscheidungen, die das nicht berücksichtigen, können viel zerstören.

Einschränkende Gesundheitsveränderungen Einzelner auf das Team können zu Dysfunktionen führen (nachlassendes Engagement, Verlust der Ergebnisoffenheit, niedrigere Standards), wenn nicht in geeigneter Weise gegengesteuert wird (Lencioni 2014, S. 157 ff.).

4.4 Belastung der Kollegen durch Ablenkung

Schicksalhafte Erkrankung oder private Probleme lassen sich kaum verheimlichen. Auf persönliche Einschränkungen reagiert jeder anders. (Bspl.: Die Diagnose ist im Kollegenkreis öffentlich. Die Betroffene klagt intensiv und fordert Trost und Schonung ein. Sie zieht aber keine Konsequenz im Sinne von Diagnostik, Therapie und Training. In der Kollegenschaft schwindet die Bereitschaft zur Unterstützung). Kollegen bewerten die Beobachtungen im eigenen Wertesystem, dazu kommen Mutmaßungen, Interpretationen, persönliche Empfindungen. Je nach Schweregrad der Beeinflussung und Anteil von Privatem im Berufsalltag entsteht eine unterschiedlich starke Störung im Umgang mit Alltagspflichten.

Veränderungen in der Alltagsroutine und Beziehungskrisen sind für Viele Anlass, zu grübeln oder sich darüber austauschen – das findet dann im beruflichen Kontext statt, stört die Konzentration und führt möglicherweise zu Fehlern oder Verunsicherung. Sensible Kollegen können Resonanzreaktionen zeigen und selbst arbeitsunfähig werden.

Trost des Betroffenen macht einen weiteren wesentlichen Zeitanteil aus, der dem eigentlichen Arbeitseinsatz verloren geht: „Jetzt trinken wir erst einmal einen Kaffee und Du erzählst mir, was eigentlich los ist".

Zur Ablenkung gehört auch, dass vielfach im Kollegium die Unterschiedlichkeit von Gesundheitsverständnis, die persönlichen Überzeugungen, die damit verbundenen Empfindungen, Werte und Überzeugungen diskutiert werden. Gerade zum Thema Gesundheit gibt es viele Selbstberufene und Apostel mit stark empfundenem Missionierungsmandat. Diese nehmen jeden Anlass wahr, „ihr" Thema zu platzieren. Differente Sichtweisen können Empörung und Hilflosigkeit auslösen (negative Konfliktenergie, Abschn. 7.3).

Auch Ablenkung ist demnach ein relevanter Effekt, der durch Veränderung von Gesundheit ausgelöst wird. In der Regel existiert keine Verhaltensroutine! Mediation kann bei akuten Themen Unterstützung bieten, das Team wieder zu koordinieren („Wenn es denn so ist, wie es ist: Wie wollen wir damit umgehen?", Prior, C.) oder präventiv einen Weg abzustimmen, wie in Zukunft mit entsprechenden Störungen umgegangen werden soll.

Gesundheit als Führungsaufgabe 5

Sehr unterschiedliche und vielfältige Ursachen beeinflussen demnach die Mitarbeiter in ihrer Leistungsfähigkeit und Befindlichkeit. Von Persönlichkeitsmerkmalen bis Gesundheitskonzepten existiert eine unkalkulierbare Verhaltensvarianz, die als „Führungsaufgabe" wahrgenommen werden muss und der man sich stellen sollte, wenn das Team seine optimale Einsatzfähigkeit behalten soll.

5.1 Effekte des Gesundheitsverlustes

Erkrankte selbst verlieren mit dem Auftreten von Krankheit etwas Wesentliches und sehr Privates, ihre Unversehrtheit (siehe Einleitung: Gesundheit ist etwas absolut Privates). Sie erleben sich nicht mehr normal, es kommt zu Einschränkungen, gar zum Leistungsknick. Der negative Effekt auch auf Kollegen belastet Betroffene. Diese Empfindungen können zu Veränderungen des Selbstbewusstseins, aber auch zu Veränderungen von Rollen und Status führen! Psychische Störungen verursachen insofern stärkere Verunsicherung: Vielfach gibt es bei Gesunden kein Erfahrungswissen für die entsprechenden Zustände, Erkrankte selbst sind kaum in der Lage, ihr Empfinden nachvollziehbar darzustellen. Die Gefahr ist groß, dass sie auf Unverständnis, Rückzug oder Ablehnung stoßen. Das hat Einfluss auf die Gruppe und verschlechtert möglicherweise die soziale Abfederung im Kollegium.

Soziale Störungen am Arbeitsplatz werden häufig als individuelle Störung umformuliert. Das bedeutet dann Verlagerung der Ursache in das Persönliche und damit in den Bereich der seelischen Krankheiten. Und die eigentliche Ursache wird nicht bearbeitet: die Beziehung, ein dysfunktionales Team, ein inkompetenter Vorgesetzter. Die soziale Störung im Team bleibt bestehen. (Bspl.: Alles

© Springer Fachmedien Wiesbaden GmbH 2017
H. Pilartz, *Mediation für mehr Gesundheit am Arbeitsplatz,* essentials,
DOI 10.1007/978-3-658-17862-8_5

kommt zusammen. Die obere Leitung interessiert sich nur für Zahlen und betriebswirtschaftliche Größen. Im Projekt-Team gibt es Ausfälle von mehr als 50 % und
auch vom Backoffice gibt es keine Hilfe, da der Krankenstand hoch ist: Die gewis-
senhafte Kollegin gerät in eine Burn-out-Symptomatik. Nach der langfristigen
Behandlungsphase kommt sie zurück und nichts hat sich geändert: Nach 3 Wochen
fällt sie wieder aus.) Interventionen, ähnlich Paartherapie, sind im Berufsalltag
unbekannt. Das heißt aber nicht, dass nichts getan werden kann oder muss: Gerade
solche Situationen sollten Anlass sein, Anpassungen einzuleiten!

Bezogen auf Team oder Unternehmen sollte die Konsequenz lauten: Besteht
der Verdacht, dass die Konstellation und der Umgang miteinander im Team
Krankheiten auslöst oder das Kollegium negativ beeinflusst, muss eine Ände-
rung angestrebt werden. Wird der zugrunde liegende Konflikt oder die notwen-
dige Kooperation untereinander verweigert, führt das im Unternehmen zu Kosten:
Krankmeldungen und Kündigungen häufen sich, Arbeitsqualität und Kreativität
lassen nach. Im Team funktioniert das Ineinandergreifen unterschiedlicher Einzel-
kompetenzen zu einem guten Gesamtergebnis nicht mehr.

5.2   Gesundheitsverlust als Führungsthema

Führungsthema ist auch, wie im Team mit der Erkrankung Einzelner umgegangen
wird. Und wie Erkrankte nach Wiedergenesung empfangen werden. Und wie im
Unternehmen das Dilemma zwischen persönlicher Betroffenheit und dem Respekt vor der „Privatsache Krankheit" gelöst wird.

Sei es der Umgang mit der „AU" (Arbeitsunfähigkeitsbescheinigung), die
persönliche Reaktion auf Befindlichkeitsstörungen, Vorsorge- oder Präventions-
maßnahmen, im beruflichen Kontext berührt die Gesundheit immer mehr als nur
Einen (siehe Einleitung: Gesundheit ist absolut etwas Systemisches). Die Überzeugungen Betroffener liegen oft weit auseinander. Damit wird das Thema leicht
zu Sprengstoff (Bspl.: Schon länger wird vermutet, dass ein Mitarbeiter sehr
großzügig mit Krankmeldungen umgeht. Andererseits ist er freundlich, koopera-
tiv, angenehm. Das Thema bleibt unbearbeitet, schwelt, führt aber zu Belastung
der Stimmung im Team und stört letzlich den Zusammenhalt der Gruppierung.
Ohne Austausch über das eigentliche Thema kündigen einige Kollegen das
Arbeitsverhältnis!).

Üblicherweise gibt es in Betrieben und Unternehmen keine Eindeutigkeit, wie
mit Gesundheitsstörungen umgegangen werden soll. Der Austausch zwischen den
Mitarbeitern ist „ungeregelt", das Thema ist insgesamt wertedominiert. Als Bei-
spiel für einen entsprechenden Wertekonflikt sei der Wert „Gerechtigkeit/Fairness"

angesprochen. (Bspl.: Eine Kollegin hat nach Rückkehr aus ihrer Erkrankung kaum Unterstützung und Information der KollegInnen erlebt. Es waren viele Vorgänge auf ihrem Schreibtisch unbearbeitet, sie war kaum informiert über die Ereignisse der letzten Wochen. Als ein anderer Mitarbeiter kurz darauf schwer erkrankt, setzt sie sich vehement dafür ein, seine Aufgaben nicht bearbeiten zu müssen.)

Das Gesundheitsthema kann zum chronischen Konfliktstoff im Team werden: Wer *darf* krank werden? Wer ist *wirklich* krank?

Entsprechende Konflikte behindern Beziehungen und Arbeitsauftrag. Dazu kommt, dass sich der direkte Austausch mit „Verursachern" schwierig gestaltet: Häufig sind sie nicht am Arbeitsplatz (da AU), auf Mitarbeiterebene verlangt die Konvention Schonung, Vorgesetzte und Leitung haben (gesetzliche) Vorgaben: Krankheit ist Privatsache.

In die direkte Führungsbeziehung zu Betroffenen treten neben sachlichen Themen (Vertretungsregelung organisieren, …) emotionale Reaktionen der Führungskraft. Die Krankheit bekommt ein Gesicht, die Empfindungen der direkten Führungskraft liegen zwischen Mitleid, Verständnis, Ärger oder Empörung. Aus einer sachlichen „Störung" wird durch den direkten Kontakt ein „Problem" oder „Konflikt". Entsprechende Empfindungen können stark ausgeprägt sein und durchaus auch das Wohlbefinden des/der Vorgesetzten negativ beeinflussen. Dabei können auch unterschiedliche Empfindungen nebeneinander bestehen, die gleichzeitig von Mitgefühl bis zu einer Mischung aus Empörung und Hilflosigkeit reichen. So gehen dann (relative) Objektivität und Gelassenheit verloren.

Unternehmensleitung oder Personalabteilung haben eine eher betriebswirtschaftliche und administrative Sichtweise zur Gesundheitseinschränkung. Die Zahl der Krankmeldungen und Krankheitstage werden überwacht, entsprechende Konsequenzen werden nach Plan eingeleitet: BEM, vertrauensärztlicher oder arbeitsmedizinischer Dienst. Emotionalitäten kommen weniger zum Tragen als organisatorische Fragen. Grundsätzlich dominiert ein Denken im Reaktionsmodus. Gedanken zur Prävention haben selten genug Raum. Eine veränderte Kultur im Miteinander der Unternehmen ist noch nicht alltäglich: Mitarbeiterbindung und Fachkräftegewinnung kann durch einen veränderten Umgang mit der Gesundheit beeinflusst werden. Wenn die Mitarbeiter wahrnehmen können, dass die Unternehmensleitung mit diesem Wert achtsam umgeht, kann das die Zusammenarbeit stabilisieren.

Konflikte um Gesundheitsthemen in der Hierarchie brauchen Fingerspitzengefühl in der Bearbeitung: Gesundheit ist Privatsache. Es gelten eine Reihe von gesetzlichen und gesellschaftlichen Tabus. Der Austausch zwischen Betroffenen und Vorgesetzten ist entsprechend schwierig: Es darf nicht nach der Ursache für die Erkrankung oder nach der Diagnose gefragt werden, es darf der Betroffene in seinem privaten Umfeld nicht kontaktiert werden. Planungsaufgaben sind gestört: Wann sind Erkrankte wieder einsatzfähig? Können sie normal eingeplant werden? Kommen sie überhaupt wieder? Auch weitere Verantwortungsbereiche sind empfindlich gestört – Wirtschaftlichkeit, Informiertheit, …

Es ist sicherlich eine große Herausforderung für Vorgesetzte oder Unternehmensleitung, in einer angespannten Lage dafür zu sorgen, dass die Stimmung der Restmannschaft nicht kippt und die Belastung nicht zu Fehlreaktionen führt. Die Anspannung dieser KollegInnen anzuerkennen, sie zu unterstützen und zu motivieren und im gemeinsamen Prozess Perspektiven und Wege zu finden, ist eine bedeutsame Führungsaufgabe.

Kollegen müssen Mehrarbeit leisten, Dienstpläne müssen verändert werden. Enttäuschung, Verärgerung oder Empörung sollen sich nicht entwickeln. Nach der Genesung gilt es, wieder gut miteinander zu harmonieren. Das kann für Vorgesetzte bedeuten (vielleicht auch gegen die eigene Empfindung), eine positive Grundstimmung vorzubereiten. Besonders schwierig wird das, wenn in der Vergangenheit das Vertrauen missbraucht wurde oder der Verdacht besteht, dass private Gründe die Krankschreibung auslösten. Die Herausforderung lautet, Erkrankte zu schützen und gleichzeitig die Bedürfnisse des Teams wahrzunehmen und zu berücksichtigen. Die Folgen einer Krankschreibung dürfen nicht sein, dass das personell wieder gestärkte Team auseinanderbricht oder die Zusammenarbeit gefährdet ist, wenn der Erkrankte zurückkehrt. Die Aufgabe kommt teilweise einer Quadratur des Kreises gleich! Eine Vorstellung von den Dynamiken im Team kann Entscheidungen bahnen: Das Gefühl von Hilflosigkeit kann nur aufgelöst werden durch Klärung, Lösung, Perspektive (siehe negative Konfliktenergie). Hier kann der/die Vorgesetzte aktiv werden, indem er/sie dem Restteam Priorisierungen erleichtert, klare Anweisungen gibt und eine Vorstellung entwickelt, wie die Arbeit geleistet werden kann (Machbarkeit, siehe Salutogenese). Gerechtigkeit, Fairness, Klarheit und Lösungsorientierung sind wesentliche Größen. (Bspl.: Durch die schlechten Erfahrungen in der Vergangenheit hat das Team gelernt und folgenden Beschluss gefasst: Jeder Kollege, der nach Krankheit die Arbeit wieder aufnimmt, wird vom Vorgesetzten mit Handschlag begrüßt. Es wird ein Zeitfenster organisiert, in dem eine angemessene Information über die aktuellen Ereignisse, Krisen, … stattfindet. Für diese Informationszeit wird „Vertretung" organisiert.)

Eine weitere Problematik stellt der Austausch der Team-Mitglieder über die Erkrankung dar. Praktisch finden Vorannahmen, Hypothesenbildung oder Austausch oft auch mit Vorgesetzten statt: Nicht selten entstehen auf dieser Grundlage

Konflikte, die das Arbeitsverhältnis nachhaltig stören. Gesundheitsfragen werden zum Konfliktgrund.

In der Gemengelage zwischen sachlichen und emotionalen Themen, persönlicher Beziehungsgestaltung zum Erkrankten und Sorge um persönliche Vorgaben und gesetzlichen Möglichkeiten werden Vorgesetzte ihren persönlichen Weg suchen müssen.

Wie ist mit der Kontaktaufnahme während der Krankheit umzugehen? Vielfach sind Mitarbeiter enttäuscht, wenn sich kein Kollege meldet. Am ehesten lassen sich Vereinbarungen über die Erlaubnis oder auch Erwartung einer Befindlichkeitsnachfrage nur im Vorfeld und im entspannten Klima besprechen. Gibt es Klarheit über das jeweilige Verhalten im Team, sind Enttäuschungen (fast) ausgeschlossen: Dann sollte im Vorfeld aber auch abgestimmt werden, welche Fragen erlaubt oder angenehm sind. (Bspl.: Nach längerer Krankheit kommt der Kollege wieder zurück an den Arbeitsplatz. Er drückt seine Enttäuschung aus, dass der Vorgesetzte sich nicht gemeldet hat. Um Vorsorge zu treffen, vereinbart das gesamte Team einvernehmlich, dass Anrufe vom Vorgesetzten erwünscht sind, dass aber die Gesprächsführung der Betroffene übernehmen muss, z. B. „schlechte Frage", „weiß ich noch nicht". Die Vereinbarung beinhaltet auch Klärung der Vertraulichkeit!)

Zusammengefasst müssen sich Vorgesetzte einer Führungsaufgabe stellen, bei der viele Fragen ungeklärt sind oder nur situativ entschieden werden können:

- Kommunikation – „Was darf ich hier eigentlich fragen oder sagen?"
- Wertewidersprüche – „Ich würde damit aber arbeiten gehen"
- Planungsunsicherheit und Wirtschaftlichkeit – „Der kann mir doch wenigstens Bescheid geben"
- Hilflosigkeit – „Ich weiß ja nicht einmal, ob ich mir Sorgen machen muss"
- Gerechtigkeitsthemen – „Der macht krank und wir kriegen den Ärger"
- interkulturelle Schwierigkeiten – „Wie kann man sich bei einer solchen Einschränkung so verhalten?"
- Mitgefühl – „Wenn ich mir sein Schicksal anschaue, werde ich selbst richtig krank"
- Wut – „Immer, wenn es Stress gibt, fällt sie aus!"
- Verunsicherung – „Ich will ja nichts unterstellen, aber ..."
- ...

Alle Kollegen sind im betrieblichen Umfeld auf unterschiedliche Weise in ihrer Befindlichkeit betroffen, vielfach wird zu wenig Unterstützung oder Vorsorge wahrgenommen. Die wirtschaftlichen und vor allem emotionalen Folgen sind groß. Investitionen in Bildung und Gesundheit garantieren als einzige eine hohe Rendite (Schneider 2011, S. 13). Die Investition in Gesundheit je 1 € hat einen Return of Invest in Höhe von 2,50–4,85 €. (Report 24 betriebliches Eingliederungsmanagement 2013, S. 17)

Was kann Mediation bewirken? 6

Im Berufsalltag sind immer zahlreiche Personen gleichzeitig in Gesundheitsfragen involviert: als Vorgesetze/r, als KollegIn, als Bekannte/r, als MitarbeiterIn der Personalabteilung, als … Unterschiedliche Vorerfahrungen, Erziehung, Nähe zu Betroffenen, Rolle im Unternehmen, Konkurrenz oder Sympathie beeinflussen die entsprechenden Empfindungen. Die Frage an Betroffene: „Was liegt denn eigentlich vor" klärt kaum etwas, polarisiert manchmal, löst Hypothesen aus und ist nicht „erlaubt".

Neben den praktischen Fragen (Umorganisation, Fehlerhäufigkeit, mehr Stress für alle) durch Ausfall oder Einschränkung haben individuelle Empfindungen eine große Bedeutung. Mehr noch als im privaten Umfeld ist der Umgang mit diesen Empfindungen schwierig. Sie sind aber definitiv vorhanden, sie sind breit gefächert und oft unveröffentlicht! Für Mediation gehört die Einbeziehung von Emotionen zur Routine: Beim emotionalen Spiegeln benennen und beschreiben MediatorInnen, welche Empfindungen sie beim Gesprächspartner wahrnehmen. Alle beteiligten Medianden an der Gesprächsrunde erleben und hören sachbezogene Ausführungen und Emotionen. Oft nehmen sie diese verbalen oder nonverbalen Offenbarungen erstmals wahr. Es mag sein, dass sie vom/von der MediatorIn aufgefordert werden, etwas dazu zu sagen. Vielleicht aber werden sie (entsprechend Arbeitsbündnis) gebeten, nur zuzuhören! Schon durch eine solche „Verlangsamung der Kommunikation" (Austausch Mediand A – Mediator; dann Austausch Mediand B – Mediator; erst später direkter Austausch zwischen A und B) wächst häufig das gegenseitige Verständnis.

Außerhalb von Mediation gibt es keine „Allparteilichkeit": Alle sind Teil des Geschehens und somit einbezogen und (mehr oder weniger) parteiisch. Einzelne oder das Gesamtteam bemühen sich, die eigene Position zu stärken. Das kann polarisieren, ausgrenzen, Vorwürfe oder Enttäuschungen zum Ausdruck bringen und auch erheblichen Einfluss auf die gute Funktionsfähigkeit der Gruppe

© Springer Fachmedien Wiesbaden GmbH 2017
H. Pilartz, *Mediation für mehr Gesundheit am Arbeitsplatz,* essentials,
DOI 10.1007/978-3-658-17862-8_6

nehmen. Ist das Team nicht in der Lage, die Störung alleine zu bereinigen, entwickelt sich eine Konflikteskalation oder/und ein kalter Konflikt und das hat immer negativen Einfluss auf die Arbeitsfähigkeit. Gibt es dann Hinweise auf eine Ausweitung des Themas durch weitere Krankschreibungen, …, zeigt das die Dringlichkeit mediativer Begleitung an. Je schneller die Einbeziehung stattfindet, desto schneller ist ein Ergebnis zu erwarten und desto weniger Aufwand ist notwendig (Klippstein et al. 2011).

Es gibt verschiedene Gründe für eine hohe Bedeutung des Gesundheitsthemas für Einzelne: schlechtes Gewissen Kollegen gegenüber; missionarischer Eifer, wenn es um Prävention geht („Ihr solltet auch mal Sport treiben"); Wunsch nach Verständnis oder Anerkennung der eigenen veränderten Situation; Wahrnehmung des hohen persönlichen Einsatzes trotz Einschränkung … Das Thema mag ständig präsent sein und Anderes überlagern. Die Inhalte greifen Raum rund um die eigentlichen Aufgaben (z. B. eine Erzieherin gibt Eltern gegenüber sehr dominant Empfehlungen in dem Bereich der traditionellen chinesischen Medizin; und hakt nach! Die morgendliche Übergabe der Kinder artet zur Sprechstunde aus). Neben der persönlichen Interessenslage bleibt oft kein Raum für Team-Bedürfnisse. Um aus einer Gemengelage aus sachlichen, betrieblichen und emotionalen Aspekten herausfinden zu können, ist externe Begleitung sinnvoll. Wenn Einzelpositionen sehr stark gegeneinander stehen, können Beziehungen gefährdet sein. Die Suche nach einem gemeinsamen, einvernehmlichen Weg wird erleichtert, wenn Mediation Lösungen ohne Gesichtsverlust möglich macht.

Häufig entstehen Konflikte, wenn Sichtweisen bei veränderten Grundbedingungen aufeinanderstoßen (z. B. Langzeiterkrankte kommen früher zum Arbeitsplatz zurück und erhoffen Schonung. Kollegen sind durch den Langzeitausfall genervt und erwarten volle Leistungsfähigkeit). Schnell werden Gerechtigkeitsthemen, gestörte Selbstwahrnehmung, Erwartungen und vermeintlich berechtigte Ansprüche zum Konfliktauslöser. Die frühzeitige Bearbeitung der unterschiedlichen Bedürfnisse im geschützten Raum, oft auch unter Einbeziehung von Vorgesetzten, kann Mediation bieten. Hierarchieübergreifend wird der Austausch auf Augenhöhe ermöglicht, alle Sichtweisen können wahr- und ernst genommen werden. Ergebnis kann eine andere Routine und Offenheit rund um Einschränkungen, Erwartungen oder Empfindungen sein.

In einem Klima von persönlicher Betroffenheit und ungeklärter Emotions- und Bedürfnislage ist die Einbeziehung von Mediation häufig das einzige Mittel, eine Verhandlungsgrundlage zu schaffen, in der ein sachlicher Austausch möglich ist (Bspl.: Nicht nur im Team einschl. Vorgesetzte sind die Empfindungen sehr weit gefächert, sondern auch das persönliche Empfinden ist widersprüchlich: Die Betroffene hat eine existenzielle Diagnose zu verkraften, zieht aber keine Konsequenzen daraus. Sie hält sich auch nicht an Zusagen und Vereinbarungen gegenüber Kollegen, wodurch sich kritische Situationen im Arbeitsumfeld ereignen). Die Vielzahl zu klärender Einzelfragen macht es erforderlich, dass sortiert wird. Das kann am besten von dem Externen geleistet werden, der nicht involviert ist: Die anschließende Priorisierung der zu besprechenden Themen ist dann natürlich Sache des Teams.

Mediation ermöglicht eine Auseinandersetzung und Lösungsfindung, ohne dass die arbeitsrechtlichen Regeln verletzt werden. Es ist im geschützten Raum und freiwillig eine Erörterung und Besprechung möglich, die unter Einbeziehung von Kollegen aus dem betrieblichen Umfeld nicht zugelassen würde. In vertraulichen Einzelgesprächen (Freiwilligkeit!) kann geklärt werden, wie die weitere Zusammenarbeit gestaltet werden kann oder welche Einschränkungen die Arbeitsroutine stören (z. B. erzählt die Erkrankte im Einzelgespräch im Schutz der Vertraulichkeit über private Probleme, die ihr peinlich sind. Unter Vermittlung des Mediators wird später ein Weg gefunden, der eine Offenlegung, die schambesetzt wäre, nicht notwendig macht). Dabei sind bestimmte Grundvoraussetzungen für Mediation aus dem sogenannten Arbeitsbündnis Garanten für gute Bedingungen beim Einsatz in Unternehmen. Im Arbeitsbündnis werden Vereinbarungen zwischen den Gesprächspartnern getroffen, die den Austausch möglich machen: Vertraulichkeit, Allparteilichkeit des Mediators, Freiwilligkeit, Fairness, Informiertheit, Ergebnisoffenheit und Selbstverantwortung der Gesprächsparteien. Der schwierige Bereich zwischen persönlichen, organisationsbezogenen Bedürfnissen und den Erwartungen des Teams benötigt andere „Werkzeuge", als die im Arbeitsalltag gegebenen. Mediation kann das bieten, eine Spezialisierung auf den Themenkomplex Gesundheit ist allerdings wünschenswert.

Weitere Anwendungsbereiche:

- die Vielzahl der Beteiligten mit eigenen Bedürfnissen, Überzeugungen und Erwartungen macht eine Konfliktanalyse erforderlich.
- Alle sind betroffen, alle wollen wahrgenommen und beachtet werden: Mediation kann das bieten
- Im Konflikt handelt es sich oft um einen Mix aus sachlichen und emotionalen Themen. Die Emotionen sind häufig sehr stark: Scham, Wut, Mitgefühl oder Übertragung. Nur der Außenstehende kann sich erlauben, durch Nachfragen Klärung zu ermöglichen und Tabus anzusprechen.
- Gesundheitseinschränkung kann die eingespielte berufliche Hierarchie außer Kraft setzen und verursacht dann positionsunabhängig Hilflosigkeit. Die Beschäftigung mit Gesundheitsthemen gehört nicht zur Routine von Unternehmen. Mediation kann Schwierigkeiten der Beteiligten in Kommunikation oder Verhalten entschärfen.

- Mediation kann in krisenhaften Phasen hilfreich wirken, in denen der Zusammenhalt des Teams durch den Ausfall von Kollegen oder durch kontroverse Positionen zur konkreten Krankheitsverarbeitung gefährdet ist. Mediation ermöglicht dann durch Einbeziehung aller in einen „Zukunftsprozess" die Entwicklung einer gemeinsamen Vision oder eines gemeinsamen „Fahrplans". Die Aufgabe von Mediation ist, sachlichen und emotionalen Aspekten gleichermaßen Raum zu geben.
- Empfindungen und Auffassungen rund um Gesundheit sind sehr unterschiedlich. Mediation kann übersetzen, nachfragen, zusammenfassen, normalisieren, drastifizieren. Das gesamte Arsenal kommunikativer Werkzeuge und mediativer Techniken kann den Prozess voranbringen und die Protagonisten entlasten. Unternehmensleitung und Vorgesetzte bleiben vom eigentlichen Prozess unberührt und müssen sich nicht positionieren.
- Das Dilemma zwischen Organisationsaufgaben und Menschenaufgaben (Bonath 2014) macht sich unter dem Einfluss von Gesundheitsfragen dramatischer bemerkbar. Letztlich kann im beruflichen Kontext nicht alles geregelt werden, was die Integration von Einschränkungen oder Selbstwahrnehmung betrifft. Individuelle Abstimmungen sind ggf. von außen zu begleiten. Alle Beteiligten sollten sich klar darüber sein, dass es nicht nur um die Integration persönlicher Fragen geht. Oft offenbaren sich im Zusammenhang auch Gerechtigkeitsthemen …
- Der Umgang mit Gesundheitsthemen sollte „Chefsache" sein. Die Unklarheiten rund um Definition, Bedeutung, persönliche Wertung, „Leitbild", Zugangsweg, die Differenz von Selbst- und Fremdwahrnehmung sind ohne strukturierendes Unternehmensleitbild so groß, dass Konflikte wahrscheinlicher werden. Hier kann Mediation den Entscheidungs- und Durchsetzungsweg begleiten.
- Es gibt die Möglichkeit von Einzelgesprächen. Mediation kann shutteln (mal mit dem Einen, dann dem Anderen sprechen, wenn Parteien nicht an einem Tisch sitzen (können), Mediation darf sich „dumm stellen" …
- Es können Tabus zur Sprache kommen (oder zu einem Einzelgespräch führen).
- Mediation kann die zu klärenden Fragen eingrenzen oder erweitern und insofern das Thema strukturieren.
- Mediation bietet den Vorteil von Dokumentation und schriftlicher Vereinbarung, wenn das gewünscht ist.
- Es ist nicht erforderlich, über Diagnosen und Therapie zu sprechen. Im Austausch mit Betroffenen interessieren die Einschränkungen oder Auswirkungen.
- Die Fragen oder Zustände belasten und lenken von anderen Alltagsfragen oder Aufgaben ab.
- Es stehen Bedürfnisfragen im Raum und es sind Emotionen im Spiel.

Mediation bietet Ansätze, Alternativen, kann Fehlentwicklungen und Pattsituationen beeinflussen und kann vor allem die Grenze zwischen den vielen Bewusstseinsräumen und Erlebniswirklichkeiten beeinflussen. Es ist aber anzuraten, dass eine spezielle Kompetenz für das Gesundheitsthema existiert.

Zuletzt soll auch noch die Prävention angesprochen werden! Grundsätzlich gibt es keine ausreichende soziale Schulung für den Umgang mit Unterschiedlichkeit, in der Akzeptanz von Andersartigkeit und darin, mit Menschen im beruflichen Kontakt zusammenzuarbeiten, die andere Vorstellungen, Überzeugungen und Werte haben. Es fehlt oft an Bewusstsein, dass das Ergebnis, nämlich der Einsatz und das Bemühen der Arbeitnehmer, gemäß Arbeitsvertrag geschuldet wird. Gutes Verständnis zwischen Kollegen ist wünschenswert, aber nicht durch den Arbeitgeber zu garantieren. Kollegen müssen sich bemühen, miteinander Aufgaben und Pflichten zu erfüllen. Vielen Menschen fehlt die Kompetenz, Konflikte und Meinungsverschiedenheiten in gegenseitiger Achtung und mit Respekt zielgerichtet zu bearbeiten. Stattdessen werden die Konflikte oft mit Krankschreibung beantwortet. Eine angemessene Reaktion ist aber nicht die Stressreaktion: weder Flucht (in Krankheit) oder Kampf (gegen Kontrahenten) oder Erstarrung, sondern die Integration von Unterschiedlichkeit und das Ermöglichen von Miteinander. Entsprechende Schulungen können als ganzheitliche Gesundheitsprävention verstanden werden. Die Kultur der Unternehmen wird sich auf sich ändernde gesellschaftliche Bedingungen einstellen müssen. Mediative Fertigkeiten können da im Alltag Vieles erleichtern (z. B.: In der Reflexionsrunde nach einer Mediation von Eltern und dem 12-jährigen Sohn schlägt dieser vor, dass beide Eltern zu Mediatoren ausgebildet werden).

6.1 Das Vorgehen in der Mediation

Die Grundfertigkeit von Mediation ist auf jede Art von Konflikten gerichtet. Zunehmend setzt sich aber die Meinung durch, dass Spezialisierung und Fachlichkeit eine bessere Qualität für spezielle Fragestellungen bietet (Robrecht, T. 2012, S. 7–9). Das gilt sicher auch für den Umgang mit Gesundheit und Krankheit im Arbeitsalltag. In diesem Abschnitt werden einige Besonderheiten von Mediation in diesem Zusammenhang dargestellt.

Wird die Gesundheit zum Konfliktthema zwischen Betroffenen und Team oder/ und Vorgesetzten, liegt das Thema vermeintlich fest: etwa „Konsequenzen für unsere Zusammenarbeit im Team durch eine Erkrankung". In diesem Thema findet sich aber die besondere Situation der Erkrankten nicht wieder! Da gibt es ein wesentliches Thema, das zunächst bearbeitet und geachtet werden sollte: In welche

Ausnahmesituation sind Betroffene schuldlos geraten, was hat das Schicksal bewirkt und wie sehr haben diese Veränderungen Einfluss auf das Leben. Dieses Thema lautet: „Umgang mit meiner Krankheit". Aufgabe des Mediators ist es, Raum auch für dieses Thema zu schaffen und eine Atmosphäre zu ermöglichen, in der Betroffene ihr Leid, ihre Scham, ihre negativen Gefühle wie Ausgrenzungsgefühle, schlechtes Gewissen oder Enttäuschung ausdrücken dürfen. In einer solchen Sequenz können die Kollegen auch ihre eigenen Emotionen ausdrücken – Mitleid, Erleichterung (weil es sie selbst nicht getroffen hat), Belastung (durch die Vertretung) oder auch Verärgerung (weil der mitbetreute Arbeitsplatz chaotisch war). Erkrankte befinden sich in einer exponierten Situation und sind sich in der Regel bewusst, dass Kollegen persönliche Sichtweisen, Einstellungen und Vorannahmen haben. Der wertschätzende Austausch im Vorfeld von Abstimmungen oder Organisationsregeln kann so Stimmungen kanalisieren und überlagerte Empfindungen wecken, die den Wiedereinstieg und die weitere Zusammenarbeit erleichtern. Erst wenn diese individualisierte und emotionale Thematik bearbeitet ist, kann als 2. Thema die sachliche Problematik bearbeitet werden. Das Organisatorische kann dann leichter rational und praxisorientiert abgearbeitet werden. Verärgerungen werden dann eher themenorientiert als personengerichtet erlebt.

Krankheit ist Privatsache, wie schon mehrfach betont. Soll im betrieblichen Zusammenhang eine entsprechende Konfliktthematik behandelt werden, geraten die Protagonisten in leicht kommunikative Schwierigkeiten: Was wird nicht ausgesprochen, weil die starke Empfindung „Scham" erlebt wird? Behindern Ängste, aber auch Vorannahmen oder Erwartungen den direkten Austausch? Im Dialog heißt es schnell: „Was hast Du denn gehabt", oder Ähnliches. Diese Frage allerdings möchten Erkrankte oft nicht beantworten. Und meist sind für die Zusammenarbeit und gemeinsame Arbeitsplanung andere Fragen und die entsprechenden Antworten bedeutsamer: „Hast Du Dich wieder komplett erholt?" oder „Was glauben Sie, wie lange Sie noch diese Einschränkungen haben werden?" und „Sind Einschränkungen zurückgeblieben und inwiefern haben die Konsequenzen für Ihre Arbeit?"

Realistisch betrachtet geht es nicht darum zu wissen, welche Diagnose vorliegt, sondern welche Konsequenzen sich ergeben oder ergeben haben. Der entsprechende Austausch ist unter Vermittlung von Externen viel unproblematischer. Der Mediator sollte allerdings Erfahrungen mit dem Thema haben, um mit Betroffenen ein gemeinsames Ergebnis erarbeiten zu können.

Hinter der emotional belastenden Gesundheitseinschränkung steht die Frage von Bedürfnissen auf beiden (allen) Seiten. Bedürfnisarbeit ist klassisch für mediatives Vorgehen. Jegliche Aktivitäten im sozialen Kontext sind darauf gerichtet, einen Mangel zu beheben, der sich auf diese Bedürfnisse bezieht. Die Ebene der Bedürfnisse zu identifizieren und anzusprechen ist Aufgabe des hinzugenommenen Mediators. Damit werden die verschiedenen Gesprächsebenen sortiert und zu entsprechenden Lösungen begleitet. Denn: Wenn die Situation einfach, unkompliziert oder kurzfristig wäre, gäbe es keine Konflikte.

Erkrankte oder Menschen, die Einschränkungen nach Krankheit akzeptieren müssen, erleben nicht selten ein Gefühl von Versagen oder Minderwertigkeit, von Angriff oder Zurückweisung, von Verantwortung den Kollegen gegenüber … Solche Empfindungen können ohne Realitätsbezug sein, trotzdem haben sie großen Einfluss auf Empfindungen oder Austausch (Bspl.: Der Kollege ist wirklich nicht der Leistungsträger der Abteilung. Nach längerer Krankheit kommt er zurück und betont, wie bedeutsam sein Einsatz für die Unterstützung der Kollegen ist).

Mediation kann im Schutz von Vertraulichkeit zunächst Einzelgespräche anbieten, in denen verschiedene Wege bearbeitet werden: das Durchspielen von Möglichkeiten, das Besprechen von Alternativen, das Sortieren von Erwartungen, Vorannahmen und Verletzungen und andere individuelle Gedankengebäude, die den Austausch mit Kollegen oder Leitungskräften stören würden. Hierbei ist die Funktion der Mediation, Betroffene so zu (unter)stützen, dass überhaupt eine sachliche Unterhaltung möglich wird.

6.2 BEM (Betriebliches Eingliederungsmanagement)

Nach fast einhelliger Auffassung gilt § 84 Abs. 2 SGB IX für alle Beschäftigte (Sozialgesetzbuch IX). Dies ergibt sich aus dem Wortlaut der Vorschrift. Es ist weiter geregelt, dass die notwendigen Maßnahmen immer mit der Interessenvertretung i. S. d. § 93 SGB IX, bei anerkannten schwerbehinderten oder ihnen gleichgestellten Menschen auch mit der Schwerbehindertenvertretung abzuklären sind (RKW-Arbeitskreis „Gesundheit im Betrieb"). Die Bestimmungen sehen für jede Unternehmensgröße vor, dass verpflichtend ein BEM-Gespräch angeboten werden muss, wenn ein Mitarbeiter mehr als 6 Wochen in 365 Tagen arbeitsunfähig war. Ziel des Gesprächs ist es, Bedingungen für den Mitarbeiter zu klären, unter denen dieser die Gefährdung weiterer Krankheitszustände als reduziert ansieht. Betrachtet man sich die Zielsetzung des Gesetzes, erscheint ein solches Gespräch der Mediation nahe oder mit den Werkzeugen der Mediation durchzuführen: Es gibt mindestens 2 Parteien, es gibt unterschiedliche Bedürfnisse, es soll ein Weg gefunden werden, in dem sich beide Seiten wiederfinden. Die Chancen dieser Regelung sind größer als die Nachteile des bürokratischen Aufwandes.

Einschränkungen der Gesundheit, chronische Krankheitszustände, Rekonvaleszenz können Anpassungen notwendig machen. (Bspl.: Bei chronischen Rückenbeschwerden wird vielleicht ein neuer Bürostuhl erforderlich).

Unterschiedliche Bedürfnisse und Sichtweisen sind zu erwarten, wenn Störungen der seelischen und vor allem der sozialen Gesundheit bestehen. Bei seelischen Störungen lassen sich Einschränkungen manchmal leicht erkennen. (Bspl.: Ein Mitarbeiter kann sich nicht [mehr] so gut konzentrieren, seitdem er wegen einer Depression in Behandlung ist. Es entsteht schneller Stress mit entsprechenden Fehlreaktionen. Gesprächskontakte mit Kunden werden als belastend empfunden, Zusatzbelastungen und Druck sind für ihn nicht mehr kompensierbar). Einschränkungen, die durch Störungen im sozialen Kontext aufgetreten sind, lassen sich im BEM-Gespräch identifizieren, wenn Interesse besteht, eine gemeinsame Lösung zu finden. Dann lassen sich auch schwerwiegende Konflikte zwischen den Mitarbeitern, Mobbing-Gefühle oder innere Kündigung identifizieren, die durch geeignete Maßnahmen ursächlich angegangen werden können (Fengler 2012, S. 111).

Die Chance, verwertbare und zukunftsgerichtete Informationen zu erhalten, bietet das BEM-Gespräch dann, wenn ein ergebnisoffenes Gespräch geführt wird mit dem ernst gemeinten Interesse an einer einvernehmlichen Lösung. In solchen Gesprächen geht es nicht um Diagnosen oder Krankheit, sondern um Einschränkungen oder Befindlichkeit. Unter Einbeziehung mediativer Techniken lassen sich die jeweiligen Bedürfnisse herausarbeiten und oft wenigstens in Teilen befriedigen. Grundvoraussetzung ist dann eine von beiden Seiten eingenommene kooperative Haltung: Lässt sich ein gemeinsamer Weg finden, kann das viele Vorteile beinhalten. Unter anderem wird das Unternehmen in seinem ernst gemeinten Bemühen wahrgenommen, Betroffene zu unterstützen. Weitere Krankheitsfälle, Kündigungen und Schwierigkeit durch Neueinstellungen werden ggf. verhindert, Teamstabilisierung wird erreicht.

In diesem Sinne ernst genommene BEM-Gespräche tragen die Chance in sich, die Unternehmenskultur positiv zu beeinflussen (Pilartz 2015).

6.3   Schwere Konflikte am Arbeitsplatz; Mobbing

Für Mediatoren ist die Lehre von Glasl (Glasl 2008, S. 96 ff.) Alltagsgeschäft: Konflikte können eskalieren, wenn die Protagonisten jeweils auf die vorhergehende Handlung reagieren und keine einvernehmliche Lösung anstreben. Beide Seiten sind für die Eskalation verantwortlich! Der Eskalationsprozess verläuft immer nach demselben Muster – im Verlauf kommt es zu Gruppenbildung und Polarisierung, die gegnerische Gruppe wird gemieden und geschädigt … Und: Wird die Eskalation nicht beendet, setzt sich der Prozess so lange fort, bis das „kranke System" aufgelöst wird oder eine sonstige eingreifende Veränderung auftritt. Anders ausgedrückt: Werden Konflikte zwischen Mitarbeitern nicht bereinigt, schwelen sie weiter und haben dann einen langfristigen Einfluss auf die Einsatzfähigkeit des Teams, die Gesundheit der Beteiligten (und die Zahl der Krankmeldungen), die Stimmung und Motivation von Kollegen (meist über die Grenzen des Teams hinaus). Entsprechende Konflikte nicht zu bearbeiten bedeutet, wissentlich schlechte Arbeitsqualität, fehlende Motivation und negative Einflüsse auf die Gesundheit aller Betroffenen in Kauf zu nehmen. Bei heißen Konflikten finden offene „Kampfhandlungen" statt, kalte Konflikte schwelen langfristig und machen die Zusammenarbeit, gute Stimmung oder Kreativität unmöglich.

Das Wissen über Konfliktdynamik lässt es zu, Voraussagen zu treffen, welche Eskalationsstufen mit welchen Hilfsmitteln beeinflusst werden können. Schon ab Eskalationsstufe 2 empfiehlt sich externe Unterstützung. Je höher die Eskalationsstufe, desto größer wird der Aufwand und der Zeitbedarf der Unterstützung.

Sicher jedenfalls ist, dass im betrieblichen Kontext Konflikte ernst genommen werden müssen. Wiederkehrende Konflikte im selben Team, Mobbing-Vorwürfe und ähnliches signalisieren den Vorgesetzten dringenden Handlungsbedarf. Jedes Zuwarten erhöht auch die entsprechenden Gesamtkosten: durch Krankheitsfälle, durch Fehler, durch Kündigung und durch Demotivation. (Bspl: In einer KITA entsteht über unterschiedliche Auffassungen ein tiefgreifend Konflikt in der Gesamteinrichtung. Mobbingvorwürfe stehen im Raum. Noch lange Zeit später berichten neue MitarbeiterInnen von Tränen, die sprudeln, wenn das Thema erwähnt wird. Bilanz: 2 Prozesse, mehrere Kündigungen, schwere Fehler, die auch die Öffentlichkeit beteiligen, Rufbeschädigung der Einrichtung, 1 lange Mediation mit einigen Folgetreffen. Erst 3 Jahre später herrscht wieder ein vertrauensvolles Klima.)

Schwerwiegende Konflikte sind Chef- und Leitungsthema. Aus dem System heraus gibt es kaum Aussichten auf positive Entwicklung, die Eskalation ist so weit fortgeschritten, dass der geregelte Austausch zwischen Protagonisten unmöglich ist. Grundsätzlich ist die Wirkung auf das Gesamtunternehmen und die Gesundheit der direkt Beteiligten oft so dramatisch, dass unbedingt eine Intervention stattfinden muss. Die Perspektive der kooperationswilligen Kollegen muss dringlich wieder verbessert werden. (Bspl: In einer Abteilung werden Mobbingvorwürfe durch einen Einzelnen erhoben. Es kommt zu anonymen Drohungen und das führt beim Betroffenen zu psych. Dekompensation, Suizidgefährdung mit stationärer Krankenhausbehandlung. Sofort nach Wiederaufnahme seiner Tätigkeit ereignen sich neue Drohungen. Ein Großteil des Teams verweigert den Austausch im Konfliktmanagement, es kommt zu Sabotagehandlungen und Krankmeldungen. Erst nach langen Krankheitszeiten Einzelner, Umbesetzungen und Neustrukturierung stabilisiert sich die Gruppe der kooperativen KollegInnen. Erst nach endgültigem Ausscheiden von diversen Mitarbeitern tritt endlich Ruhe ein.)

Gesundheit lässt sich beeinflussen: Modelle und Konzepte, die den Ansatz von Mediation begründen

7

Wir leben in belastenden Zeiten. Die Menschen beklagen, dauernd im Stress zu sein. Die vollen Straßen und Staus lassen eine verlässliche Zeitplanung nicht zu. Nicht nur berufliche Anforderungen, sondern auch private „dauernde Erreichbarkeit" führen zu Belastung. Negative Nachrichten und zunehmende Angst beeinflussen die allgemeine Gestimmtheit, die politische Ausrichtung spaltet weltweit die Bevölkerungen …

Da sollte es nicht verwundern, dass regelmäßig in den Krankenkassenreporten die Zunahme von psychischen Erkrankungen berichtet wird. In diesen Krankheitszahlen ist ein großer Prozentsatz von Krankmeldungen enthalten, die auf sozialen Zusammenhängen beruhen (Pilartz und Münch 2016).

7.1 Salutogenese-Konzept

Was tun, damit es gar nicht erst zu Krankheitsausfällen kommt? Krankmachende Zusammenhänge sind bis zu einem gewissen Punkt erforscht. Eindeutige Zusammenhänge gibt es: Zigarettenkonsum und Lungenkrebs, Kaffeekonsum und Magensymptome, Alkoholkonsum und Leberzirrhose. Die Wirkung von Stress auf die Entwicklung von Bluthochdruck oder die Infektneigung ist bekannt. Pathogenese beschreibt die Entstehung und Entwicklung einer Krankheit mit allen daran beteiligten Faktoren. Dazu gehört auch die Beobachtung des Krankheitsverlaufs, insbesondere in ursächlicher Hinsicht. Der mit naturwissenschaftlichen Methoden erfassbare Ablauf eines Krankheitsprozesses wird auch als Pathomechanismus bezeichnet (Wikipedia). Wenn auch Vieles heute bekannt ist und als gesichert angesehen wird, gibt es doch noch weiterhin Fragen, Ungereimtheiten oder Geheimnisse.

Viel weniger bekannt als die Überlegungen über die Entstehung von Krankheiten ist die Erforschung der Fragestellung, wo Gesundheit herkommt. Das heutige

© Springer Fachmedien Wiesbaden GmbH 2017   39
H. Pilartz, *Mediation für mehr Gesundheit am Arbeitsplatz,* essentials,
DOI 10.1007/978-3-658-17862-8_7

Wissen zum Salutogenese-Konzept geht zurück auf Aaron Antonovsky und ist erst einige Jahrzehnte alt (Antonovsky 1997). In anderen Kontexten wurde festgestellt, dass ein wesentlicher gesund erhaltender Faktor des Menschen sein Sozialverhalten ist (Wolf und Bruhn 1998).

Antonovsky stellte fest, dass der Umgang mit als Stressoren bezeichneten Störungen individuell vom aktuellen Gesundheitszustand abhängt. Er konnte nachweisen, dass es nicht darum geht, Stress zu vermeiden. Es geht darum, die Stressverarbeitung zu verbessern. Es gibt grundsätzliche Bedingungen, in denen diese Stressverarbeitung gut funktioniert. Diese Zustände aufzubauen, muss das Ziel sein. Stress lässt sich nicht vermeiden und wird außerdem unterschiedlich wahrgenommen und ausgelöst (Bspl.: Was für den Einen starken Stress bedeutet, mag für den Anderen alltäglich, angenehm oder nicht erwähnenswert sein). Das *Kohärenzgefühl* bezeichnet die „Grundorientierung, die das Ausmaß eines umfassenden, dauerhaften und gleichzeitigen Gefühls des Vertrauens darin ausdrückt" (Lorenz 2005, S. 37), dass

die erlebte Situation verstehbar ist

sie handhabbar, lösbar ist und

sich die persönlichen Anstrengungen und Engagements als lohnend und sinnvoll darstellen.

Es ist wichtig, dass die Situation in der individuellen Logik nachvollziehbar und die Zusammenhänge und Bedingungen kalkulierbar und strukturiert sind. Außerdem geht es um Regeln, Vorhersagbarkeit und Struktur in dem Maße, wie es individuell benötigt wird.

Dann geht es um das individuelle Vermögen, die gestellten (selbst oder fremd) Anforderungen zu lösen. Jeder möchte (im Rahmen seiner Tätigkeit) Erfolg haben. Entsteht dagegen Dauerfrustration (z. B. durch Überlastung), führt das auf Dauer zu Konsequenzen für die Gesundheit.

Weiterhin geht es um Bedeutsamkeit. Auch das orientiert sich an den persönlichen Überzeugungen und Werten. Die Aufgabe mag bedeutsam und gesellschaftlich notwendig sein, wenn der Betroffene darin aber keine *persönliche* Herausforderung sieht, wird auf Dauer die entsprechende Aufgabe nicht erfüllt werden können, ohne dass Konsequenzen für Befindlichkeit oder Gesundheit auftreten. (Bspl.: Der Nutzen von Müllentsorgungsunternehmen steht außer Frage, die meisten Menschen werden aber die damit verbundenen Aufgaben nicht als für sich „lohnend, sich zu engagieren" ansehen).

Menschen mit einem guten Kohärenzgefühl sind besser in der Lage, mit Stress, Ausnahmesituation und allgemein mit Störungen des Alltagsablaufs umzugehen. Sie sind weniger leicht zu verunsichern und besser in der Lage, sich abzufinden, wenn einmal etwas nicht funktioniert. Das hat auch Konsequenzen für Gesunderhaltung oder Krankheitsauftreten.

Werden in Unternehmen zunehmende Krankheitszahlen beobachtet, empfiehlt sich eine Analyse der 3 Grundvoraussetzungen, die im Zusammenhang mit
dem Kohärenzgefühl stehen. Bei entsprechenden Störungen sollte eingegriffen
werden. Werden Herausforderungen an die Kollegen gestellt, denen diese nicht
gewachsen sind, wird mit Misserfolgen oder Erschöpfung gerechnet werden müssen (Bspl.: Hier gehört auch die dauerhafte Erreichbarkeit mit negativem Effekt
auf die Erholungsfunktion des Feierabends hin).

Eine Anpassung an die individuellen Möglichkeiten und Erwartungen der
Mitarbeiter beeinflusst dann Krankheitszahlen und Mitarbeiterbindung. Die Indi-
vidualisierung der Mitarbeiterbedürfnisse macht es sinnvoll, sie in den Prozess
einzubeziehen. So hat das Thema der „Bedeutsamkeit" etwas mit Motivation
und Begeisterung zu tun (Bspl.: Es ist bekannt, dass speziell in großen Konzer-
nen finanzielle Anreize die Hauptmotivation der Mitarbeiter darstellen. In kleinen
Unternehmen spielen familienähnliche Strukturen sowie körperliche und geistige
Leistungsfähigkeit die dominierende Rolle [nach Badura]. Wenn die Unternehmensleitung nicht weiß, was die jeweiligen Mitarbeiter motiviert, kann Einiges
aus dem Ruder laufen). Hier bietet Mediation die Chance, die Motivation von
Mitarbeitern herauszuarbeiten und die Grundvoraussetzungen für eine fruchtbare
Zusammenarbeit zu schaffen. In vielen Unternehmen besteht eine nur unzurei-
chende Einsatzfähigkeit, da viele Mitarbeiter in „Innerer Kündigung" sind. Das
liegt oft daran, dass die salutogenetischen Zusammenhänge nicht beachtet oder
unterschätzt werden.

Auch ein anderer Blickwinkel macht den Einsatz von Mediation zur „Behandlung" von Störungen aus salutogenetischer Sicht bedeutsam: Das Konzept der
Salutogenese differenziert nicht in ein „entweder/oder", wenn die Gesundheit
betrachtet wird. Vielmehr versteht sie diese als ein Kontinuum, in dem verschiedene Zustandsbilder gleichzeitig nebeneinander die Gesamtbefindlichkeit des
Organismus beeinflussen (Bspl.: Jeder kennt die Erfahrung, dass die Symptomatik seiner Krankheit verschwindet, wenn sich etwas „Wichtigeres" ereignet).
Wie oben genauer ausgeführt, bewirken (ausweglose) Konflikte auf die Betroffenen eine Symptomatik wie bei körperlichen oder seelischen Erkrankungen:
Körperliche Symptome, Schlafstörungen … In einer solchen Ausgangslage führt
die Intervention im konkreten Konflikt wenigstens dazu, dass dieser *verstehbar
und handhabbar* wird. Die erlebte Hilflosigkeit relativiert sich (Abschn. 7.3.), es
entsteht auch für Vorgesetzte die Perspektive einer zielgerichteten Unterstützung.
Schon das Begreifen der eigenen Ausnahmesituation führt in den meisten Fällen
dazu, dass das Vertrauen in die Regelbarkeit der Auseinandersetzung oder Kri-
sensituation wächst (= das Kohärenzgefühl wird besser). Daraus ergeben sich
positive Einflüsse auf die Gesundheit (Hörning 2016, S. 15). In entsprechenden

Konstellationen kann sogar davon ausgegangen werden, dass Mediation heilt! (Bspl.: Ein langfristiger, kalter Konflikt wird endlich im beidseitigen Einverständnis in einer Mediation bearbeitet. Die Kolleginnen vereinbaren zunächst einvernehmlich, dass „die alten Geschichten" zur Ruhe kommen sollen. Das Verzeihen wird mit einem Ritus „gefeiert". Beide sind zur Transformation ihrer Beziehung bereit: Die Kollegen sind anschließend fassungslos, die Kolleginnen gemeinsam gelöst lachen zu sehen!)

7.2 Affektlogik

Affektlogik geht zurück auf die grundlegenden Arbeiten von Luc Ciompi. Bestimmte Empfindungen sind gekoppelt mit speziellen Denkabläufen und Verhaltensmustern. Diese „Denk-Fühl-Verhaltenseinheiten" folgen einer eigenen Dynamik. In der (angenehmen) Verliebtheits-Logik ist die Wahrnehmung positiv, die „Schmetterlinge im Bauch" lenken von Ärger und Kleinlichkeiten ab. Negative Aspekte des Alltags (Bspl.: Wie die Verspätung der Bundesbahn) regen weniger auf. Die Wut- oder Angst-Logiken sind entsprechend ganz anders gerichtet, dabei führt Wut eher zum Angriff und Angst zum Zurückweichen. Weiterhin ist in diesen Erkenntnissen enthalten, dass diese „Logiken" den Betreffenden davon überzeugt sein lassen, dass seine Sichtweise „richtig und nachvollziehbar" ist. Die Kraft dieser Logiken kann eine ansteckende Wirkung auf Andere haben. Eskalationen (Glasl) führen zum Teil zwischen einzelnen Stufen zur Veränderung der „Logiken". An diesen sogenannten Bifurkationen gibt es plötzliche und unerwartete Stimmungssprünge: Aus Liebe wird Hass, aus Kooperationsbereitschaft wird Kampf (Ciompi, L. 2005; Ciompi und Endert 2011).

Für die Gesundheit sind diese Erkenntnisse von großer Bedeutung. Mit Blick auf die Gefahr der „Ansteckung" von Stimmungen trägt jeder Mitarbeiter auch Mitverantwortung für seine Kollegen. Das oft ungefilterte Ausleben von Stimmungen und Launen hat immer Einfluss auf das gesamte Team. Kollegen, die schlechte Laune an den Arbeitsplatz tragen, haben eine schädigende Wirkung. Der Effekt auf die Gemeinschaft ist messbar, relevant und wirksam (Bspl.: Der ständig schlecht gelaunte Altenpfleger argumentiert, dass sich niemand von seinen Sprüchen angegriffen fühlen müsse! Die Kollegen meiden aber seinen Kontakt mit der Konsequenz schlechter Absprachen, Bewohner müssen getröstet werden …). „Stimmung" hat Konsequenzen für die Krankheitszahlen, Motivation, Arbeitsqualität und Mitarbeiterbindung. Es ereignen sich häufiger Missverständnisse und Fehler. Das belastet Andere, weil ihr Erfolgsbemühen oder ihr persönlicher Anspruch nicht erfüllt wird. Diese negativen Effekte gehen weit über eine schlechte Stimmung hinaus: Krankheitszahlen nehmen zu, Motivation lässt nach, die Loyalität zum Unternehmen verändert sich negativ mit der Folge von (inneren) Kündigungen.

Fühlen sich Mitarbeiter von Vorgesetzten nicht gegen emotionale Übergriffe und damit vor Angriffen gegen die soziale und psychische Gesundheit geschützt, führt das zu Konsequenzen für das Unternehmen. Mitarbeiter entwickeln ein Hilflosigkeitsgefühl (Abschn. 7.3): Ist er berechtigt, sich gegen den Schädiger zu wehren? Wird er für die schlechtere Arbeitsqualität mit zur Verantwortung gezogen? Welche Auswirkungen hat die Befindlichkeit des Einen auf die eingespielten Verhaltensmuster und -sicherheiten in der Gruppe? Die Bereitschaft zu Sonderleistungen schwindet, Kreativität versiegt, die Erholungsfähigkeit lässt nach, die Bindung an Kollegenschaft und Unternehmen wird schwächer …

Wenn also schon entsprechend den Erkenntnissen der Affektlogik „Stimmungen" einen beeinflussenden und ansteckenden Effekt zeigen, sind Vorgesetzte gefragt, Stellung zu beziehen.

Die Burn-out-Symptomatik, eine zunehmende Problematik in den Unternehmen, ist u. A. gekennzeichnet durch Zynismus, Rückzug und Negativismus der Betroffenen (Jackson 1996). Auch das hat affektlogische Effekte auf die Kollegenschaft. Wenn sich im Team für Einzelne ein Burn-out aufbaut, ist das gesamte Team mitbetroffen: Leichtigkeit, Humor und Lachen schwindet, die Gesamtstimmung wird schwer und hoffnungslos. Es geht dann nicht um Befindlichkeiten sensibler Kollegen, sondern um Gesundheitsfürsorge, Mitarbeiterbindung und letztlich um die Existenz des Betriebes.

„Kleinigkeiten" sollten als bedeutsames und geschätztes Signal gewertet werden. Bevor stärkere negative Emotionen sich im Team breitmachen, kann die Hilfestellung von außen Anpassungen und Auswege identifizieren helfen.

7.3 Negative Konfliktenergie

Unser aller Leben ist durch Stress stark beeinflusst. Stress ist das Reaktionsmuster auf Stimulusereignisse, dabei verlangt der Stressor Anpassungen. Ein Leben ohne Stress bietet allerdings keine Herausforderungen und ermöglicht damit auch keine Entwicklung (Gerrig und Zimbardo 2008, S. 468 f.). Chronischer Stress führt zu Erschöpfung und zu Krankheit. Das folgende Modell soll diesen Übergang von physiologischer Reaktion zu zu Krankheit verdeutlichen.

Das Konzept der negativen Konfliktenergie (Ittner 2009, S. 38) geht davon aus, dass unterschiedliche Belastungen und Störungen negative Einflüsse haben. Diese Störungen wirken sehr unterschiedlich und verursachen manchmal unerwartete und ungefilterte Reaktionen. Die Grundidee dieses Modells, das aus den Arbeiten von Ittner weiterentwickelt wurde, geht von 3 unterschiedlichen Grundempfindungen aus, die jeweils eine andere Dynamik aufweisen.

Ärger ist danach eine milde Form der Störung. Ärger tritt auf, wenn das Tun von außen (manchmal auch durch einen selbst) gestört wird. Ärger tritt schnell auf, manchmal kann Ärger körperliche Sensationen auslösen: Druck im Bauch, roter Kopf, Rauschen in den Ohren (Bspl.: Im Straßenverkehr wird das eigene Fahrzeug behindert, die Vorfahrt wird „genommen". Bedrängte Fahrer „fühlen" häufig sofort eine körperliche Reaktion). Die schnell auftretende negative Empfindung ist mit der „negativen Konfliktenergie" gleichzusetzen, im Fall von Ärger erholt man sich, abhängig von der Stärke des Ärgers, schnell wieder. Wie durch ein Erdungskabel fließt die Energie wieder ab. Es sei denn: Der nächste Ärger ereignet sich, bevor die vorhergehende Störung keinen negativen Einfluss mehr hat. Bauen sich diverse (durchaus auch triviale) Einzelereignisse aufeinander auf, wird irgendwann eine Schwelle erreicht, bei deren Überschreiten sich eine „Explosion" oder eine „Implosion" ereignet. Dabei bedeutet Explosion eine (auch für andere erkennbare) emotionale Reaktion. „Aufgestauter" Ärger wird erkennbar. Bei der „Implosion" bleibt negative Energie im Organismus und bewirkt dort Störungen (dazu später), Abb. 7.1. Trifft man auf einen Menschen, der „kurz vor dem Platzen" steht, zeigt sich das in einer erhöhten Empfindlichkeit schon

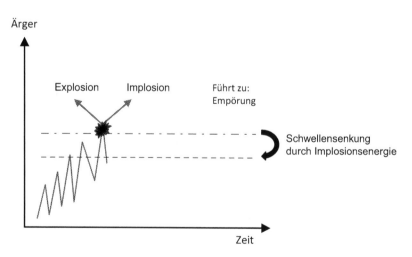

Abb. 7.1 Negative Konfliktenergie Ärger

bei geringen Störungen. (Bspl.: Der Alltagsroutine entsprechend bittet die Kollegin: „Kannst Du mir mal Deinen Bleistift leihen?" Die Reaktion des Gegenübers ist unangemessen und ungewohnt stark, bis hin zur persönlichen Beleidigung: „Kriegst Du es nicht einmal hin, auf Deinem Schreibtisch Ordnung zu halten?" Eine solche Überreaktion ist meist durch vorhergehende Belastungen erklärbar). Die Vielzahl der Verärgerungen summiert sich, bei nicht nachvollziehbaren Überreaktionen sollte man sich fragen, ob der Andere Hilfe benötigt oder was die Belastung ausgelöst hat.

Empörung tritt auf, wenn die eigenen Werte und Überzeugungen verletzt werden. Diese Empfindung setzt meist den Austausch mit dem Verursacher voraus. Speziell im beruflichen Alltag spielt Empörung eine große Rolle, da hier Menschen zusammenarbeiten müssen, die sich ihre Zusammenarbeit und damit den Kontakt zueinander nicht aussuchen können. Häufiger als im Privatleben stoßen unterschiedliche Werte und Überzeugungen aufeinander. Unterschiedliche Vorstellungen von Verlässlichkeit, Gerechtigkeitskriterien oder Umgangsformen sind Beispiele für die Auslösung von Empörungsempfindungen (Bspl.: Lehrer vereinbaren untereinander bestimmte Reaktionen auf Störungen der Schüler. Nur einer der Lehrer, der den Beschluss mit bewirkt hat, hält sich nicht an die Abmachung …) Diese negativen Empfindungen treten ähnlich schnell auf wie beim Ärger, es vergeht aber eine erheblich längere Zeit, bis der Betreffende sich wieder beruhigt. In der weiteren Dynamik gilt das Gleiche wie beim Ärger: In kurzem Abstand aufeinanderfolgende entsprechende negative Ereignisse führen zum Erreichen einer Schwelle, bei der mit Explosion oder Implosion reagiert wird, Abb. 7.2. Die Reaktion „kurz vor dem Platzen" sieht anders aus als beim Ärger: Betroffene

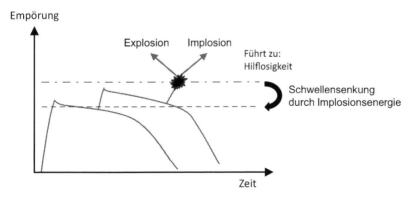

Abb. 7.2 Negative Konfliktenergie Empörung

versuchen (aufgeregt argumentierend) bei Anderen Verständnis für ihre Sichtweise zu erreichen. Im Austausch zwischen den Protagonisten ist der Austausch darauf gerichtet, den jeweils Anderen von der Richtigkeit der eigenen Sichtweise zu überzeugen. Beteiligte sind kaum in der Lage, einen Perspektivwechsel oder eine Relativierung der eigenen Sichtweise zu bewerkstelligen. Da es bei dieser Reaktionsdynamik um Überzeugungen und Sichtweisen geht, ist eine Lösung der Problematik in der akuten Phase kaum möglich – es ist kaum zu erwarten, dass Einer seinen Standpunkt verlässt.

Und was bewirkt die negative Energie, die durch Implosion noch wirkt? Sie senkt die Schwellen der plötzlichen Entladung. So lässt sich erklären, warum die Reaktionsweisen der Mitbürger oft unerwartet und unkalkulierbar sind: Mal sind die Schwellen niedrig, mal sehr hoch. Mal gab es im Vorfeld viel Ärger oder Empörung, im anderen Fall gab es eine ruhige und unbelastete Phase.

Natürlich gibt es auch positive Beeinflussungen, die dann entsprechend einen Schwellen steigernden Effekt haben (Verliebtheit, Erfolg, angenehme Erlebnisse).

Die Dynamik der 3. Empfindung sieht anders aus! Der Zeitverlauf spielt eine große Rolle. Hilflosigkeit tritt auf, wenn die persönliche Planung und Erwartung nicht erfüllt wird, ohne dass der persönliche Einsatz das beeinflussen kann: Jeden Morgen Stau auf dem Weg zur Arbeit; der Zug fällt aus; der Chef sieht nicht den persönlichen Einsatz, der auf eine Beförderung abzielt ... Die negativen Empfindungen beginnen schleichend, fast unmerklich und nehmen im Verlauf der Zeit langsam zu. Es gibt kaum eine „Erholung" der negativen Gefühle im Zeitverlauf. Das Gefühl bleibt bestehen, bzw. nimmt weiter zu. Wird die Schwelle erreicht, kommt es entweder wieder zu einer „Explosion". Implosion (s. o.) äußert sich in diesem Fall als Krankheit, Abb. 7.3! Es tritt Selbstschädigung auf (Anorexie, Ritzen, Sucht), es

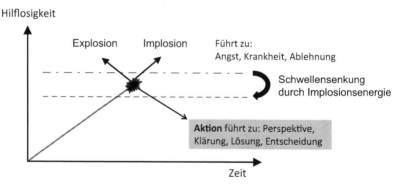

Abb. 7.3 Negative Konfliktenergie Hilflosigkeit

kommt zu einem Burn-out, zu körperlichen Erkrankungen wie Hypertonie, Magen-
geschwür, Depression, durch Veränderungen des Immunsystems kommt es leichter
zu Infekten, aber auch zu bedrohlicheren Erkrankungen. Ablehnung kann Ekelge-
fühle verursachen („Ich kann meinen Chef nicht mehr ertragen"). Ist die Schwelle
fast erreicht, reagieren Betroffene mit zunehmender Krankheitszahl, mit Erschöpfung, die Fehler nehmen zu.

Von großer Bedeutung für das Arbeitsleben ist der Weg, wie diese negativen
Entwicklungen beeinflusst werden können. Grundsätzlich ist Aktion gefordert,
um aus der Starre (der Hilflosigkeit) herauszutreten. Das kann durch bewusste
körperliche Anstrengung erreicht werden (z. B. Holzhacken), für viele Zeitgenos-
sen hat Sport diesen Effekt. Das hilft in vielen Fällen, ist aber nicht nachhaltig.
Zielgerichteter sind die Aktivitäten, die die Ursache der Hilflosigkeit angehen:
Klärung des Konflikts oder Lösung einer vermeintlich ausweglosen Situation.
Perspektive kann helfen („in 3 Monaten kann ich kündigen"), Entscheidungen bei
langfristig ungeklärten Zuständen haben den gleichen Effekt.

Hilflosigkeit nimmt in unserer Gesellschaft immer weiter zu. Immer weniger
kann der Einzelne selbst beeinflussen, immer weniger Sicherheit gibt es, dass
der Einsatz das vorgesehene Ergebnis erzielt. Ständige Erreichbarkeit stört die
Autonomie und Selbstbestimmtheit. Glücklicherweise führt das nicht bei allen
Menschen zu den hier skizzierten Konsequenzen. Es wird aber die Nähe zwischen Störungen durch Alltagsbelastungen und dem Auftreten von Krankheiten
deutlich.

Fazit

8

Im Arbeitsleben beeinflussen viele Größen die Wirtschaftlichkeit von Unternehmen, z. B. die Mitarbeiterbindung in Zeiten akuten Fachkräftemangels, die Qualität der Produkte und die Innovationskraft. Hier war das Augenmerk gerichtet auf die Gesundheit der Mitarbeiter, der Teams und des Gesamtunternehmens.

Dabei wurde Gesundheit im weiteren Sinne der WHO-Definition gesehen, als körperliches, seelisches oder soziales Wohlbefinden. Speziell körperliche Störungen der Gesundheit sind kaum zu beeinflussen: Ob Infekte auftreten, Mitarbeiter z. B. an Krebs erkranken oder einen Unfall erleiden, liegt weit außerhalb des Einflusses der Unternehmen. Soweit beeinflussbar, werden entsprechende Aktivitäten organisiert, wie betriebliche Grippeschutzimpfungen oder Vorsorgeangebote. BEM bietet Chancen bei der Wiedereingliederung.

Das betriebliche Gesundheitsmanagement ist großflächig eingeführt und auch gesetzlich geregelt (Präventionsgesetz PrävG vom 10. Juli 2015). Seine Ziele sind darauf gerichtet, lebensstilbedingte Krankheiten nachhaltig zu reduzieren und Lebensverhältnisse zu gestalten, um Gesundheit zu unterstützen. Im Vordergrund stehen Bewegung, Ernährung und die Reduktion von Nikotin und Alkohol.

Seelische oder sozial verursachte Gesundheitsstörungen nehmen – entsprechend den Auswertungen der Krankenkassen – als Ursache für Krankschreibungen zu. Die Wahrscheinlichkeit, dass Störungen aus dem beruflichen Umfeld selbst ursächlich für diese Zunahme sind, ist groß. Messbar ist das nicht, da soziale Gesundheitsursachen in den Krankschreibungsstatistiken nicht dokumentiert werden.

Trotzdem gibt es genug Hinweise und Belege dafür, dass Arbeitsbedingungen, Arbeitsklima, Konflikte am Arbeitsplatz, Überforderung und ständige Erreichbarkeit eine große Bedeutung als Auslöser von Krankheiten oder Krankschreibungen haben. Wenn das stimmen sollte, ist die Beschäftigung mit Prävention und

© Springer Fachmedien Wiesbaden GmbH 2017   49
H. Pilartz, *Mediation für mehr Gesundheit am Arbeitsplatz,* essentials,
DOI 10.1007/978-3-658-17862-8_8

Beeinflussung von Störungen nicht nur wünschenswert und sinnvoll, sondern auch wirtschaftlich. Der Return of Invest von 1:4,85 € (siehe oben) spricht dafür. Warum gibt es dann noch so wenige konkrete Ansätze, Gesundheit im betrieblichen Kontext stärker positiv zu beeinflussen? Warum wird Mediation kaum abgerufen und entsprechende Literatur nicht angeboten?

Eine Erklärung könnte sein, dass Gesundheitsstörungen als Privatsache angesehen werden und sich die Unternehmen nicht aufgefordert fühlen, tätig zu werden. Eine weitere Erklärung mag der Respekt sein, Bewertungen und Umgang mit Krankheit als medizinische Domäne anzuerkennen (Ausnahme: arbeits- und betriebsmedizinische Aufgaben). Im Umgang mit Erkrankten spielt es scheinbar eine wesentliche Rolle, sich mit Diagnosen und Therapien auszukennen. Das aber hat etwas mit der Beeinflussung von Krankheit zu tun. Im Berufsalltag geht es um andere Themen: Zum Einen geht es um menschliche Dimensionen, um Empathie und Empfindungen rund um die Erkrankung. Zum Anderen ist im Berufsalltag bedeutsam, welcher Art und Schwere Einschränkungen sind.

Empathie und Empfindungen treffen Kollegen und Vorgesetzte gleichermaßen und können erhebliche Konsequenzen für das Wohlbefinden auch Nichtbetroffener haben. Einschränkungen haben eine ganz andere und viel pragmatischere Auswirkung auf Planung und Wiedereingliederung als das Wissen abstrakter Diagnosen aus der Fachsprache der Mediziner.

Bedingt durch individuelles Erleben und Empfinden, unterschiedliche Konzepte, nicht absehbare verschlimmernde oder erleichternde Faktoren lässt sich keine standardisierte Aussage über den individuellen Einfluss von Krankheit machen. Es kann für Team und Betroffene wünschenswert sein, trotz starker Einschränkungen gemeinsam Pflichten und Aufgaben zu erfüllen, das kann einen stabilisierenden Effekt auf beide Seiten haben. Es kann auch sein, dass es besser ist, Betroffene auch wegen Bagatellerkrankungen von der Arbeit freizustellen, da deren Umgang mit Einschränkung die Kollegen belasten oder stören würde. Zu viele Einflussgrößen sind zu berücksichtigen, um einheitliche Empfehlungen aussprechen zu können.

In einem Umfeld unterschiedlicher Vorstellungen und Auffassungen, in einem Bereich von Verunsicherung und Emotionalität kann Mediation mit ihren Techniken, Spielregeln und Erfahrungen Aufgaben übernehmen. Wenn vonseiten der Unternehmensleitung die gesetzlichen Vorgaben strikt gewahrt werden sollen oder Vorgesetzte in einen Spagat geraten zwischen Krankheit und Teambedürfnissen, kann der Mediator zu Gesprächen einladen, kann er unter dem Schutz der Vertraulichkeit Tabus ansprechen oder Inhalte in der Teamrunde thematisieren, die einer neuen Regelung zugeführt werden müssen. Mediation kann Regelungsthemen angehen, kann transformative Prozesse (in Einvernehmlichkeit) anstoßen, sorgt für Verbindlichkeit durch Dokumentation und Abstimmung. Sie kann im „Dazwischen" mit den Beteiligten abstimmen, was veröffentlicht werden darf und was nicht in der Unternehmensleitung bekannt werden darf …

Das Angebot rund um die Medizin mit vielen, zum Teil hoch spezialisierten Subdisziplinen vermittelt den Eindruck, dass Betroffene eine Rundumversorgung erhalten können. Befragt man die Betroffenen, entsteht der Eindruck, dass Vieles fehlt, was sie sich wünschen und erwarten. Viel hat mit Kommunikation zu tun, Vieles mit Zeitbedarf und Verständnis. Mediation kann in der multiprofessionellen Welt der Heilkunde einen Platz besetzen. Indikationen gibt es viele, noch ist der Einsatz ungewohnt. Grundsätzlich ist das klassische Tätigkeitsfeld, wenn mehrere Menschen betroffen sind und sich alle in der Lösung der Konflikte und Schwierigkeiten wiederfinden sollen. (Bspl.: Die Begleitung von Betroffenen und deren Familien bei der Bearbeitung gemeinsamer Bedürfnisse oder die Suche nach Einvernehmlichkeit in der häuslichen Krankheitsversorgung). Mediation kann viele Aufgaben übernehmen, bei denen es um Familien-, Arbeits-, oder Krankheitssysteme geht und nicht um Individuen. Mediation ist (mit) zuständig, wenn mehr als der Einzelne betroffen ist.

Mediation ist schnell organisierbar, flexibel, preisgünstig und wird von KollegInnen meist als wertschätzende und zielführende Methode wahrgenommen.

Mediatoren stehen bereit.

Was Sie aus diesem *essential* mitnehmen können

- Nicht nur körperliche und seelische Ursachen führen zu Gesundheitseinschränkung. Unterschiedliche soziale Bedingungen im Arbeitsleben führen zu Krankheitssymptomen und zur Abwesenheit von Mitarbeitern. Mediation ist dann indiziert, wenn das Miteinander der Kollegen Krankheit verursacht.
- Gesundheit ist Privatsache. Krankheitsthemen führen vielfach zur Hilflosigkeit der Unternehmensleitung. Mit Hilfe von Mediation können Wege gefunden werden, die diese Hilflosigkeit relativieren: So kann Vertraulichkeit zugesichert werden, die Bedürfnisse Betroffener können ermittelt werden – unabhängig von Diagnosen.
- Mehr Aufmerksamkeit für die Konsequenzen der Kollegen, die durch Krankheitsausfall Mehrbelastung kompensieren müssen. Häufige Empfindungen dieser Kollegen im Zusammenhang mit Krankheitsausfällen (Empörung, Hilflosigkeit …) sind in der Lage, erneut Gesundheitseinschränkungen oder auch Unternehmenspathologien auszulösen.
- Mediation bietet die Möglichkeit, in einem Klima von Verunsicherung und Sprachlosigkeit individuelle Lösungen, Vorsorge für die Zukunft, Einsatzfähigkeit des Restteams und Wiedereingliederung von Betroffenen zu ermöglichen. Mediatoren sind nämlich nicht persönlich betroffen.
- Im Salutogenesekonzept werden wenige Stellgrößen identifiziert, die für die Stabilisierung der Mitarbeitergesundheit von großer Bedeutung sind. Wenn sich die Arbeitsbedingungen und auch die Menschen im Berufsalltag ändern, ist es auch nötig, neue Konzepte der Zusammenarbeit einzuführen.

© Springer Fachmedien Wiesbaden GmbH 2017   53
H. Pilartz, *Mediation für mehr Gesundheit am Arbeitsplatz,* essentials,
DOI 10.1007/978-3-658-17862-8

Literatur

Antonovsky, A. (1997). *Salutogenese. Zur Entmystifizierung der Gesundheit*. Tübingen: dgvt.

Badura, B., et al. (2008). *Sozialkapital. Grundlage von Gesundheit und Unternehmenserfolg*. Berlin: Springer.

Balling, R. (2014). Vom Dramadreieck zum Game Pentagon. In S. Weigel (Hrsg.), *Theorie und Praxis der Transaktionsanalyse in der Mediation*. Baden-Baden: Nomos.

Berne, E. (1970). *Spiele der Erwachsenen*. Hamburg: RoRoRo.

Bonath, J. (2014). Funktion und Person – Facetten des Urkonflikts von Organisationen. *Konfliktdynamik, 2014*(2), 142–150.

Ciompi, L. (2005). *Die emotionalen Grundlagen des Denkens. Entwurf einer fraktalen Affektlogik*. Göttingen: Vandenhoeck & Ruprecht.

Ciompi, L., & Endert, E. (2011). *Gefühle machen Geschichte. Die Wirkung kollektiver Emotionen – von Hitler bis Obama*. Göttingen: Vandenhoek & Ruprecht.

Fengler, J., & Sanz, A. (2012). *Ausgebrannte Teams. Burnout-Prävention und Salutogenese*. Stuttgart: Klett-Cotta.

Gerrig, R. J., & Zimbardo, P. G. (2008). *Psychologie* (18. Aufl.). München: Pearson Studium.

Glasl, F. (2008). *Selbsthilfe in Konflikten. Konzepte, Übungen, Praktische Methoden*. Stuttgart: Freies Geistesleben & Haupt.

Hörning, A. (2016). Mediation hält uns gesund. Studien und Versuchsanordnungen zur Salutogenese. *Spektrum, 63,* 13–16.

Hurrelmann, K. (2006). *Gesundheitssoziologie*. Weinheim: Juventa.

Hüther, G. (2011). *Was wir sind und was wir sein könnten. Ein neurobiologischer Mutmacher*. Frankfurt a. M.: Fischer.

Ittner, H. (2009). Mediation im Arbeitsumfeld – allein eine Frage harter Fakten? Antworten aus psychologischer Sicht. In J. Joussen & H. Unberath (Hrsg.), *Mediation im Arbeitsrecht* (S. 27–48). München: Beck.

Jackson, S. E. (1996), *Maslach-burnout-test consulting*. Palo Alto: Psychologists Press.

Jobst, D. (2008). *Facharztprüfung. Allgemeinmedizin in Fällen, Fragen und Antworten*. München: Urban & Fischer.

Klippstein, D., Pilartz, H., & Weber, A. (2011). *Mediation im Gesundheitswesen. Plädoyer für neue Wege und konstruktive Lösungen*. Selbstverlag.

© Springer Fachmedien Wiesbaden GmbH 2017   55
H. Pilartz, *Mediation für mehr Gesundheit am Arbeitsplatz,* essentials,
DOI 10.1007/978-3-658-17862-8

Kurch, K., & Sorchert, R. (2013). Report_24_Betriebliches_Eingliederungsmanagement. Inititative Gesundheit und Arbeit. http://www.dnbgf.de/fileadmin/user_upload/iga-neu. pdf#page=13, Zugegriffen: 18. Jan. 2017.

Lencioni, P. (2014). *Die 5 Dysfunktionen eines Teams*. Weinheim: Wiley VCH.

Lorenz, R. (2005). *Salutogenese. Grundwissen für Psychologen, Mediziner, Gesundheits- und Pflegewissenschaftler*. München: Reinhardt.

Nietzsche, F. (2014). *Die Kunst der Gesundheit*. München: Karl Alber.

Pilartz, A. (2013). *Mediation im Arbeitsrecht*. München: Beck.

Pilartz, H. (2015). Aus ärztlicher Sicht: Plädoyer für die Durchführung eines betrieblichen Eingliederungsmanagements. *Zeitschrift für Arbeitsrecht und Tarifpolitik, 2015*(5), 166.

Pilartz, H., & Münch, J. (2016). Mediation und Gesundheit. Neue Wege zur Verbesserung von Lebensqualität. *Spektrum, 63*, 33–36.

Retzer, A. (2006). *Passagen. Systemische Erkundungen*. Stuttgart: Klett-Cotta.

RKW-Arbeitskreis. „Gesundheit im Betrieb". http.betriebliche-eingliederung.de/ca/j/hvs. Zugegriffen: 4. Jan. 2017.

Robrecht, T. (2012). Mediation – (k)eine Profession. *Spektrum, 48*, 7–9.

Schneider, C. (2011). *Gesundheitsförderung am Arbeitsplatz. Nebenwirkung Gesundheit*. Bern: Hans Huber.

Steinke, M., & Badura, B. (2011). *Präsentismus. Ein Review zum Stand der Forschung*. Dortmund: Bundesanstalt für Arbeitsschutz und Arbeitsmedizin.

Weigel, S. (2017). Transformative Mediation und Transaktionsanalyse. Unterstützung transformativer Mediation mit Konzepten transaktionsanalytischer Beratungsarbeit. *Konfliktdynamik, 2017*(1), 34–45.

Wikipedia. (2017). https://de.wikipedia.org/wiki/pathogenese. Zugegriffen: 5. Jan. 2017.

Wikipedia. (2017). https://de.wikipedia.org/wiki/Neuronale_Plastizität. Zugegriffen: 11. Jan. 2017.

Wolf, S.; Bruhn, J.G. (1998) The Power of Clan. The Influence of Human Relationships on Heart Disiease https://www.stress.org/stewart-wolf-m-d/;. Zugegriffen: 12. Apr. 2017.

Zeh, J. (2009). *Corpus delicti*. München: btb.

Printed in the United States
By Bookmasters